बुद्ध मुस्कुराये

(गीत संग्रह)

बुद्ध मुस्कुराये

यश मालवीय

भारतीय ज्ञानपीठ

वाणी प्रकाशन : भारतीय ज्ञानपीठ की पुस्तकों
के प्रकाशक व अधिग्रहणकर्ता

पेपरबैक पहला संस्करण : 2023

लोकोदय ग्रन्थमाला : ग्रन्थांक 1081

प्रकाशक
वाणी प्रकाशन ग्रुप
4695, 21-ए, दरियागंज, नयी दिल्ली-110 002
फ़ोन : 011-23273167, 23275710
ईमेल : sales@vaniprakashan.in

ISBN : 978-93-5775-920-5

बुद्ध मुस्कुराये
(गीत संग्रह)
यश मालवीय

BUDDHA MUSKURAYE
(Lyrical Poems)
by Yash Malviya

मुद्रक : आर. टेक ऑफ़सेट प्रिंटर्स, दिल्ली-110 032

Price : INR. 200

माँ के लिए
जो
देखते-देखते
नदी के उस पार चली गयी
और मैं इस पार बैठा
गीतों का पुल बाँध रहा हूँ...

अनुक्रम

गाय अपने दुधमुँहे को याद करती है

बाल्टी में दूध गिरता है
कि बजता है
गाय अपने दुधमुँहे को याद करती है
सिर नचाती तो कभी फ़रियाद करती है
समीकरणों में उलझकर सृष्टि के
एक कातर टेर उगकर टूट जाती है
आँख के आँसू, थनों के दूध की
धार अपनी तरलता में छटपटाती है
बाल्टी में दूध गिरता है
कि बजता है
गाय अपने दुधमुँहे को याद करती है
सुबह से, फिर शाम से प्रतिवाद करती है
वत्सला की साँस में चुभकर पिराये
कील कोई, फाँस कोई, काँच कोई
कमर में दोनों पहर लगना सुई का
हर समय ज्यों धधकती है आँच कोई
बाल्टी में दूध गिरता है
कि बजता है
गाय अपने दुधमुँहे को याद करती है
याद करती है कि ज्यों अपराध करती है
खाल भूसे पर चढ़ाकर छल रहा
वक़्त माँ के छलछलाते स्नेह को

कौन समझे यूँ रँभाना दर्द का

कौन समझे, प्राण-मन को, देह को

बाल्टी में दूध गिरता है

कि बजता है

गाय अपने दुधमुँहे को याद करती है

चाय की प्याली मगर आबाद करती है।

कैजुअल बाकी बची है

देह भर में धूप
मेंहदी-सी रची है
आज घर पर ही रहेंगे
है दिसम्बर
कैजुअल बाक़ी बची है
आज घर पर ही रहेंगे
    रोशनी है, रोशनी के
        दायरे हैं
    पूछिये मत, आइने भी
        बावरे हैं
अधछँटा कुहरा
कि मौसम भी 'टची' है
आज घर ही रहेंगे
    बहुत कम होकर
    बहुत ज़्यादा ख़ुशी है
    फूल होकर छू रही सी
        ख़ामुशी है
एक रेखा सहज
चेहरे पर खिंची है
आज घर ही रहेंगे
    चाय के संग भाप मुँह की
    बोलती है
    हवा मन की गिरह जैसे
    खोलती है

जगी आँखों धूम
सपनों की मची है
आज घर पर ही रहेंगे
    शाल में लिपटी हुई
    शामो-सहर है
    हाफ स्वेटर हो गयी सी
    दोपहर है
गुनगुनी-सी ओस
पलकों पर बिछी है
आज घर पर ही रहेंगे।

सन्त आज संसद को घेरेंगे

सन्त आज संसद को घेरेंगे
पढ़कर अख़बार बहुत हैराँ हूँ
अँधियारे आँख भी तरेरेंगे
    संसद तो जैसी है, वैसी है
    लोकतन्त्र की ऐसी-तैसी है
    काम सीकरी से ही सन्तों को
    जिनकी अब पूजा भी वहशी है
सन्त आज संसद को घेरेंगे
चमक उठे हैं त्रिशूल हाथों में
नारे ही कान भी उटेरेंगे
    गर्व से भरी चोटी या टीका
    चेहरा तो छलनी आज़ादी का
    रंग अजब लाया है देखो तो
    तालमेल गेरूए से खादी का
सन्त आज संसद को घेरेंगे
सुबह के उजाले को पी-पीकर
भक्तों को गन्ने-सा पेरेंगे
    धुआँ-चिलम, लाल-लाल आँखें हैं
    रह-रहकर गूँजते धमाके हैं
    सन्नाटे में डूबी बस्ती ने
    कोलाहल के भभूत फाँके हैं
सन्त आज संसद को घेरेंगे
अट्टहास में दाढ़ी छितरेगी
फड़केगी मूँछ, हाथ फेरेंगे।

आओ भाई रामसुभग!

आओ भाई रामसुभग
दरी बिछाओ रामसुभग
मंच लगाओ रामसुभग
माइक लाओ रामसुभग
भीड़ जुटाओ रामसुभग
नाचो-गाओ रामसुभग

उनका क्या, भाषण देंगे
शब्दों के राशन देंगे
बहुत हुआ तो, जनता को
भरे पेट अनशन देंगे
प्यासे-भूखे भारत को
केवल जन-गण-मन देंगे

भींचो फिर ख़ाली मुट्ठी
दर्द चबाओ रामसुभग
पीछे जाओ रामसुभग
मत खिसियाओ रामसुभग
देखो कितने नारे हैं
उन्हें पचाओ रामसुभग
आओ भाई रामसुभग!

वो सवार, तुम मोटर हो
चौराहे का पोस्टर हो
वो हैं लाखों में, तुम तो
दो कौड़ी के वोटर हो

उनकी है दुनिया सारी
तुम अपना ही कोटर हो
घड़ी-घड़ी पर मीटिंग है
चाय बनाओ रामसुभग
थाल सजाओ रामसुभग
गाल बजाओ रामसुभग
छप्पन भोग उन्हें सारा
तुम ग़म खाओ रामसुभग
आओ भाई रामसुभग!
शोर भरे सन्नाटे हैं
तेज़ हवा के चाँटे हैं
सूखी-सूखी आँखें हैं
गीले-गीले आटे हैं
मन्दिर-मस्जिद के लफड़े
अधिनायक ने बाँटे हैं
वो जुलूस से लौटे हैं
पाँव दबाओ रामसुभग
हाथ मिलाओ रामसुभग
आँख चुराओ रामसुभग
अजब समय है ख़ुद को ही
सिर्फ़ डराओ रामसुभग
आओ भाई रामसुभग!
क्या गुजरात? अयोध्या क्या??
बात-बात पर चर्चा क्या?
पूरा घर ही ख़ाक हुआ
अब हाथों का पर्चा क्या?
पूछ रहीं ख़ाली जेबें
गुज़र-बसर क्या? खर्चा क्या??
ख़ुद को थोथे सपनों से
मत भरमाओ रामसुभग
क्यों शरमाओ रामसुभग

अब गरमाओ रामसुभग
मन में सोयी-सोयी-सी
आग जगाओ रामसुभग
आओ भाई रामसुभग!

उनसे अपना हक़ माँगो
जो कुछ है बेशक माँगो
अपना जीवन, अपना है
क्यों झूठे नाटक माँगो
अपना आँगन-चौका सब
लोटा-थाली तक माँगो

तरह-तरह के चक्कर हैं
मत चकराओ रामसुभग
क्यों कतराओ रामसुभग
अब टकराओ रामसुभग
उनकी ही औकात उन्हें
यूँ बतलाओ रामसुभग
आओ भाई रामसुभग!

जिसे देखो आस्तिक है

जिसे देखो आस्तिक है
है कहीं भगवान मिट्टी
तो कहीं पर प्लास्टिक है
    धर्म की दुकानें हैं
    धर्म की अफ़ीमें हैं
    सड़कों पर ख़ून
    और आदमी के कीमे हैं
जिसे देखो आस्तिक है
दूध-दही-दाल नहीं
सिर्फ़ भजन पौष्टिक है
    चेहरे-ही-चेहरे हैं
    आइना नहीं कोई
    सुबह भी नहीं अब तो
    दूध की धुली-धोई
जिसे देखो आस्तिक है
इंटरनेट पर ज्योतिष
समय उत्तर आधुनिक है
    मन्दिर है, मस्ज़िद है
    प्रार्थना-अज़ानें हैं
    गोधरा, अयोध्या में
    कई कारख़ाने हैं
जिसे देखो आस्तिक है
दान-पुण्य, योग-क्षेम
पूस-माघ, कार्तिक है

गद्दी पर गद्दारी
गद्दी पर महराजे
'खुल जा सिमसिम' वाले
कई चोर दरवाज़े
जिसे देखो आस्तिक है
लोटा-डोरी-नारा—
फीता है, लास्टिक है।

कठिन वर्णमाला है भाई!

कठिन वर्णमाला है भाई
कसे शिकंजों की
हुई राष्ट्रभाषा
नाख़ूनों-जबड़ों-पंजों की
    गर्भपात में गुज़र गयी है
    बेटी ब्रूनो की
    कैसे हो शिनाख़्त, सड़कों पर
    बहते ख़ूनों की
सिर पर चोटें हैं
गलियों में बिछे खड़ंजों की
    हैं हथियार, हाथ पोशीदा
    सख़्त मिसाइल है
    नफ़रत की है नदी
    न जिसका कोई साहिल है
बतियाती हैं आपस में
गोटें शतरंजों की
    राह इबादत की है, जिस पर
    पाँव प्रेत के हैं
    अन्न आग के, मंज़र
    झुलसे हुए खेत के हैं
बातें हैं हज़रतगंजों की,
    दरियागंजों की।

सुनहली भोर लिखना!

लहर का हर छोर
दोनों ओर लिखना
रात में भी
तुम सुनहली भोर लिखना
    मौसमों की ज़िदें सारी
    तोड़ देना
    हवा में कुछ खुले पन्ने
    छोड़ देना
मन! हमेशा
पंख खोले मोर लिखना
    फूल पर ठहरी हुई सी
    ओस लिखना
    ज़िन्दगी भर तुम नहीं
    अफ़सोस लिखना
घाटियों में,
निर्झरों का शोर लिखना
    नहीं छूटे, कहीं कोई
    छुपा कोना
    गीत के हर अन्तरे में
    साँस बोना
लिखो बारिश
तो बहुत घनघोर लिखना

एक धीमी आँच पर
गुनगुना करना
वक़्त को सुनना,
नहीं अनसुना करना
खुले मन से
कभी मन का चोर लिखना!

अपनी शाम कहाँ होती है?

कोई शक़्ल नहीं होती है
संयोगों-दुर्योगों की
अपनी शाम कहाँ होती है
अख़बारों के लोगों की
ख़बरों का क्या है
ख़बरें तो रोज़ उछलती रहती हैं
चोरी-हत्या-लूटपाट से
आँखें जलती रहती हैं
उसी पेज पर भूख,
उसी पर चर्चा छप्पन भोगों की
हौली-थाना, कोर्ट-कचहरी
तरह-तरह की हड़तालें
स्टेशन-परिवहन, जल निगम,
अस्पताल, गहरी चालें
इन सबमें हों कहाँ सुर्ख़ियाँ
अपने चुप्पा रोगों की
बत्ती-बम्बा, बोनस
क़िस्सा चोटों और खरोचों का
यातायात, नियम, दुर्घटना
पोस्टमार्टम सपनों का
भचक रहे हैं पाँव प्रगति के
साँसें घुटें प्रयोगों की

फटी जेब पूँजी निवेश में
है शासन की शहज़ादी
'शोभा बरनि न जाय'
मचलती है टोपी, चमके खादी
गणित, प्रतिफलित ज्योतिष
गरिमा योगों की, आयोगों की
नंगे होने की आज़ादी
तर्क खुले संसारों के
अर्थव्यवस्था मुक्त, मुकुट है
सिर पर बस बटमारों के
प्रवचन-कीर्तन, अमृत वर्षा
महिमा न्यारी ढोंगों की
टूटी नाली, बहे गन्दगी
कीचड़ डूबी कॉलोनी
देश-विदेश, रूस-अमरीका
कुछ होनी, कुछ अनहोनी
एस.टी.डी., आई.एस.डी. पर
बात फोन के चोंगों की।

चौराहे

बहुत ख़ामोश चौराहे, बहुत वाचाल चौराहे
कहीं पर ज़िन्दगी से हैं, कहीं पर काल चौराहे
बहुत-सी गली-सड़कों के हुए हैं गाल चौराहे
हमारी आँख में होते हैं अक्सर बाल चौराहे
उलटते हैं, पलटते हैं, घिसटते हैं, सिमटते हैं
वहीं पर हैं खड़े लेकिन, न डरते हैं, न थकते हैं
यूँ ही दिन रात खटते हैं, जुड़े हैं फिर भी कटते हैं
कभी होते उजागर हैं, कभी बिन बात मिटते हैं
बुना करते हैं सारी उम्र कोई जाल चौराहे
समय की साँस को देते नया सुर ताल चौराहे
कभी जूतों में देते हैं परसकर दाल चौराहे
हैं ख़ाली जेब, फिर भी दिखें मालामाल चौराहे
इन्हीं के रास्ते सारे, इन्हीं का सब पे' जादू है
महाजन इनसे डरते हैं, डरा हर सेठ साहू है
यहाँ डाकू लुटेरे हैं, यहाँ पर ग़ुम हलाकू है
कि हर रफ़्तार ठहरी है, हवा का तेज़ चाकू है
कहीं दरियादिली है या कहीं कंगाल चौराहे
दिखाई दे रहे हैं हाथ का रूमाल चौराहे
कहीं पर गोधरा से हैं, कहीं भोपाल चौराहे
पिये हैं आग बर्फ़ीली कि नैनीताल चौराहे
न पूछो दर्द होता है कि एक्सीडेंट कितने हैं
लहू में हैं नहाये से सुबह के कई सपने हैं
कहीं गोआ, कहीं छुट्टी, कहीं टिक रहे घुटने हैं
नये शोशे-शगूफ़े हैं कि फ़ितने और फ़ितने हैं

कहीं साफ़ा, कहीं पगड़ी, कहीं पर थाल चौराहे
कहीं तलवार हाथों में, कहीं पर ढाल चौराहे
करे हैं जंग का ऐलान, सालोंसाल चौराहे
कि हैं बेहाल ख़ुद से और खस्ताहाल चौराहे।

मज़हब के स्कूल आये हैं

(गुजरात से लौटकर)

धुन्ध लाये हैं, धुआँ लाये हैं, धूल लाये हैं
हम अपनी आँखों में
किरचों के थोड़े से फूल लाये हैं
    जली हुई बस्तियों के साथ
    जल गयी हैं ख़्वाबों की ताबीरें
    ख़ामोश है ज़बान,
    मगर ग़ौर से सुनो तो
    बोलती हैं अभी भी पैरों की ज़ंजीरें
इस बार की हरियाली का सबब क्या हो भला
डालियों पर फूल-फल-पत्ते सब फ़िज़ूल आये हैं
    रोशन ख़याल आँखों पर भी
    पड़ गया है जैसे कोई परदा
    पी रहा है मौसम लहू की शराब
    और फाँक रहा है
    आदमी को कूट-पीसकर बनाया गया ज़र्दा
अब तो सामने हैं लटकी ज़बानें, निकली आँखें
हम वक़्त की रस्सी पर झूला झूल आये हैं
    ख़्वाहिशों के नुचे पर
    हवाओं में तैर रहे हैं
    कुत्ते, तोते, टूटी साइकिल के परखच्चे,
    माँएँ और बच्चों के बोल
    सब कुछ अनकहे हैं

लहलहायी हैं तलवारों-बन्दूकों की फ़सलें
हम नफ़रत का ककहरा पढ़ने मज़हब के स्कूल आये हैं

जख़्मी रोशनी
चिरागों के धब्बे जमाकर रही है
काली पड़ चुकी रसोई में, ख़ाली बटलोही
जाने क्या दुआ कर रही है

अलग-अलग हैं हाथ-पाँव-नाक-कान-चेहरे
हम साथ-साथ रहने की सारी कहानियाँ भूल आये हैं

अपने ही हज़ार-हज़ार हाथ
अपनों पर झपटे
और दबोच लिया
ऐसा तो पहले कभी हुआ ही नहीं
इबादत ने अपना ही चेहरा नोच लिया

कब्रिस्तानों में जगह नहीं बची, न ही दिलों-ज़ेहनों में
हम लाशों की शक़्ल में वतन में रहने का 'महसूल' लाये हैं।

बिकती हैं मज़हबी शराबें

लोहे के सींकचे-सलाखें
उनके पीछे दिये ख़ून के
ख़ून ख़ून का करते आये
हमने रिश्ते जिये ख़ून के
        सुबहों मिले धुआँये चेहरे
        भूखे, दाएँ-बाएँ चेहरे
        मज़हब का ख़ुद बने निवाला
        आयत और ऋचाएँ चेहरे
पानी हुई हरारत सारी
अब क़िस्से किसलिए ख़ून के
        बम, गोली, फिर सहस्त्रधारा
        भरी दुपहरी टूटे तारा
        सूरज भोगे काला पानी
        काले कोस गया उजियारा
हाथ लगीं ख़ुदगर्ज रदीफ़ें
बस ढूँढ़े काफ़िये ख़ून के
        अपनों से की पर्दादारी
        गद्दी पर बैठी गद्दारी
        लपटों में तब्दील हो गयी
        जो थी कभी सिर्फ़ चिनगारी
हमने सिर्फ़ लकीरें खीचीं
सौ-सौ टुकड़े किये ख़ून के
        उफ़नायीं कमज़र्फ़ किताबें

बिकती हैं मज़हबी शराबें
धुत्त नशे में आलम सारा
गूँगे से हैं काशी-काबे
पूरा पेज लाल कर डाला
क़ाबिज़ हैं हाशिये ख़ून के।

रो रही साबरमती है

ढल रहा है हर घड़ी
हथियार में मज़हबी पैसा
सुनो ताज़ा गीत ये
ताज़े टपकते ख़ून जैसा
        लपलपाती पताका ने
        ढँक लिया सूरज सुबह का
        रोशनी की इन्तिहा ने
        रच दिया क़िस्सा कलह का
हर किरन नेज़ा लिये है
सच लगे है किसी शै-सा
        क़त्ल होते जा रहे हैं
        धूप के ख़रगोश जैसे
        पेट में खंज़र धँसा है
        आ रहा फिर होश जैसे
एक खँडहर कहीं मन में
गूँजता है प्रेत भय-सा
        कहीं नरसी हैं, कहीं पर
        वैष्णव जन की पुकारें
        बोलने के नाम पर
        क्या हो गया चेहरे खखारें
साँस के संग, टूटता हर ख़्वाब
ख़ुद टूटती लय-सा

भजन लिखते नहीं नरसी
लिख रहे हैं शोक के पल
देह पर कालिख लपेटे
तू कि छूरा भोंक के चल
बस अँधेरा डोलता
यमराज का ज्यों खुला भैंसा
कहाँ गुजराती वली है
रो रही साबरमती है
चिट्ठियाँ ही चिट्ठियाँ हैं
हादसों की पावती है
राख का उड़ता समन्दर
बादलों में दिखे कैसा?
कोख में ही मौत की
दहशत सजाती सर्जना है
साँस लेती हुई साँसत
वक़्त की आलोचना है
हो गया धृतराष्ट्र शासन
मंच पर कुछ हुआ ऐसा।

दिल्ली के बाहर भी दुनिया है

पंख नुची कब मन की चिड़िया है
दिल्ली के बाहर भी दुनिया है
        हैं कितने आकाश, धरतियाँ हैं
        जीने के सौ ढंग शर्तिया हैं
है कपास तो समझो धुनिया है
        राह दिखाते तुलसी-मीरा हैं
        हैं कुमार गन्धर्व, कबीरा हैं
सगुन मनाता-सा निर्गुनिया है
        चौड़ी सड़क नहीं, गलियाँ तो हैं
        जुगनू हैं, दीपावलियाँ तो हैं
अब भी झुमरू के सँग झुनिया है।

बेटे कैसे हो?

बहुत दिनों पर घर आये हो
बेटे कैसे हो?
चलने-फिरने में, दिखने में
मेरे जैसे हो!
मेरे बाद तुम्हें रहना है
दुनिया जीनी है
हर मिठास के साथ जुड़ी
कड़ुवाहट पीनी है
आनेवाला कल हो, फिर भी
लगते तय से हो!
राजपाठ देखना,
समझना ज़िम्मेदारी भी
आने लगी समझ तुमको
हारी-बीमारी भी
देखो तो आइना, जान लो
कैसे ऐसे हो!
वैसे ही बोलते, बात करते
हँस देते हो
बात-बात पर वैसे ही
जुमले कस देते हो
मैं अब तक जैसा था
तुम भी बिल्कुल वैसे हो!
अपनी आदत की मत पूछो

अचरज होता है
सूरज का वंशज भी आख़िर
सूरज होता है
बँधी नोट से बँधे,
खुले तो फुटकर पैसे हो!
दुखते हुए घाव,
यात्रा के क़िस्से कहते हैं
पाँव तुम्हारे अब मेरे
जूतों में रहते हैं
कहीं पराजय और कहीं
अपनी ही जय से हो!
अलग, तरह से जीने की
तरक़ीबें गुनते हो
सुख मिलता जब
अपनी अलग राह भी चुनते हो
बाक़ायदा ठसक से हो
कब जैसे-तैसे हो!

गाड़ी निकल गयी

धुआँ छोड़ती हुई, आज फिर
होकर विकल गयी
प्लेटफॉर्म पर हुआ उजाला
गाड़ी निकल गयी
        था वो अँधियारा भी बेहतर
        ठहरा, रुका हुआ
        बादल जैसे स्टेशन पर
        कोई झुका हुआ
कोई आँच मिली, आँखों की
बदली पिघल गयी
        कितने हाथ, हवा में ही
        लहराते हुए दिखे
        कौन विदाई की बेला को
        देखे और लिखे
थी तारीख़ नयी, काई पर
आयी, फिसल गयी
        बनते-ढहते रहे
        याद के कितने नये क़िले
        सन्नाटे चीरते हुए
        सम्बोधन कटे-छिले
खिड़की पर थी आँख
कि गाड़ी पटरी बदल गयी।

हम 'मुगलसराय' हुए

स्टेशन की किच-किच
और हाय-हाय हुए
हम 'मुगलसराय' हुए
बहुत बड़े जंक्शन की
अपनी तकलीफ़ें हैं
गाड़ी का शोर और
सपनों की चीख़ें हैं
सुबह की बनी रखी
दुपहर की चाय हुए
हम 'मुगलसराय' हुए
ताले-ज़ंजीरें हैं
नज़रें शमशीरें हैं
शयनयान में जागीं
उचटी तक़दीरें हैं
धुन्ध-धुआँ-कुहरे से
धूप के बजाय हुए
हम 'मुगलसराय' हुए
साँस-साँस मरते हैं
दुर्घटना जीते हैं
आग है व्यवस्था की
आदमी पलीते हैं
पटरी पर ही आकर
कटी नीलगाय हुए

हम 'मुगलसराय' हुए
लकड़ी से अकड़े हैं
सर्दी में जकड़े हैं
हम गीले कोयले से
आग नहीं पकड़े हैं
बिना रिज़र्वेशन भी
नींद के उपाय हुए
हम 'मुगलसराय' हुए
हड्डी-ही-हड्डी है
लहू-लहू लोरी है
क़िस्से बलिदानी हैं
समय ही अघोरी है
खिड़की की आँखों में
ज्यों पन्ना धाय हुए
हम 'मुगलसराय' हुए।

बढ़े हुए डी.ए. के पैसे

झूठी राहत के झोके भी
सच्चे लगते हैं
बढ़े हुए डी.ए. के पैसे
अच्छे लगते हैं
        साँस-साँस सरकारी होकर भी
        खिल जाती है
        खुश होने की, कोई एक
        वजह मिल जाती है
हम ख़ुश होते हैं तो अब भी
बच्चे लगते हैं
        कड़ी धूप में
        गहरी बदली सिर पर छाती है
        ऑक्सीजन की कमी दूर
        सहसा हो जाती है
सपने काते गये सूत के
लच्छे लगते हैं
        टूटी हुई कमर का दुखना
        कम हो जाता है
        टपक रहे सिर का भी दर्द
        ख़तम हो जाता है
पक्की चोटों के क़िस्से भी
कच्चे लगते हैं।

बाल धूसर हो गये हैं

बाल धूसर हो गये हैं
हम विचारों में समझ लो
और उर्वर हो गये हैं
        काँपती टहनियाँ देखें
        हम छिली कुहनियाँ देखें
        एक पत्ती में छुपी-सी
        सैकड़ों आँधियाँ देखें
बाल धूसर हो गये हैं
राह पथरीली भले है
फूल के घर हो गये हैं
        समस्याओं से, हलों से
        धूप से, फिर बादलों से
        बात करते हैं सदी से

बात करते हैं पलों से
बाल धूसर हो गये हैं
हम कि सन्नाटा बुनें क्यों
गूँजते स्वर हो गये हैं
ओस मोती-सी चमकती
दूब की दतुली दमकती
इस हँसी को पी रही सी
उम्र अपनी नहीं थकती
बाल धूसर हो गये हैं
मन परिन्दा है कि जिसके
अनुभवी पर हो गये हैं।

हम खड़े हैं पी.सी.ओ पर

कोई होगा खिड़कियों पर
हम खड़े हैं पी.सी.ओ. पर
    दूसरे से इस शहर में
    ढूँढ़ता आवाज़ अपनी
    क्या सुनाये कथा कोई
    क्या कहे भी साज़, अपनी
धुन कि कोई बज रही है
साँस के ही 'कैसियो' पर
    तार कोई खिंच रहा है
    दूर तक बेतार वाला
    याद आता वही चेहरा
    प्यार का, मनुहार वाला
चल रहा चलचित्र-सा कुछ
ज़ेहन के ही वीडियो पर
    टिमटिमाते जुगनुओं के
    फूल से जुगनू खिलाये
    बारहा कुछ नींद में भी
    कौंध जाये, झिलमिलाये
डबडबाये आँख रह-रह
गिर रही सी पत्तियों पर
    हौसले-ही-हौसले थे
    मरहले-ही-मरहले थे
    रास्ता वो क्या करे

जिस पर अभी कल तक चले थे
आग जैसे जल रही है
ओस भीगी टहनियों पर।

रोशनी की बारिशें हैं

रोशनी की बारिशें हैं
गा रहीं किरनें, किसी उस्ताद की
ज्यों बन्दिशें हैं
        धुल रहा है धूप से आँगन
        सवेरा भी धुला है
        बाग में बच्चा, ज़ेहन में
        जैसे कोई चुटकुला है
रोशनी की बारिशें हैं
फिर अँधेरों से लड़ाई की
नयी-सी कोशिशें हैं
        खुल रहा सूरज कि जैसे
        ऊन का गोला खुला है
        या कि आँगन में गगन के
        गेंद उछला चुलबुला है
रोशनी की बारिशें हैं
है नदी-सा मन
कि बस फ़रमाइशें-पैमाइशें हैं
        हर परिन्दा शाख का
        परवाज़ लेने पर तुला है
        है हवा बेख़ौफ़
        दिखता नहीं डर का ड्रैकुला है
रोशनी की बारिशें हैं
खिल रहे हैं फूल, यूँ
गुलपोश अपनी ख़्वाहिशें हैं।

बीच धारा को थिराएँ

गुनगुनाती-सी नदी में
गीत की कश्ती तिराएँ
चलो अपने दिये चलकर
आज गंगा में सिराएँ
करें अपने आप से
फ़रमाइशें माँगें अबूझा
उसे भी देखें, समझ लें
आज तक जो नहीं सूझा
दर्द जैसे उठें मन में
और अपने को पिराएँ
फूल से बातें करें तो
फूल से भी तनिक हो लें
कुछ बिखेरें ख़ुशबुओं-सा
और ज़्यादा-सा सँजो लें
बीच धारा में खड़े हो
बीच धारा को थिराएँ
एक हरक़त में हवा की
हर हरारत जियें-पी लें
ज़िन्दगी ही नाज़ कर ले
इस तरह तो कभी जी लें
कुछ उठा लें पुतलियों से
आँख से आँसू गिराएँ।

कठिन पहाड़े हैं

दरवाज़ों में ऊबा साँसी है
हर खिड़की को गहरी खाँसी है
बड़ी-बड़ी चट्टानें दरकी हैं
कैसी-कैसी शक्लें घर की हैं
शाम अनमनी, बूढ़ी माँ-सी है
दिनचर्या के कठिन पहाड़े हैं
कट्टर गर्मी, भद्दर जाड़े हैं
रोज़ गले की सौ-सौ फाँसी है
उड़ते बादल, तेज़ हवाएँ हैं
बहुत एकरस-सी यात्राएँ हैं
वही लखनऊ, वैसी झाँसी है।

घोसले में चील के

मिला है वेतन महीनों में
कि सौ-सौ दुख सहे
घोसले में चील के
फिर गोश्त कितने दिन रहे?
        छू रही थी भूख
        ऊँचे आसमाँ की देह भी
        थी वही 'सीता-रसोई'
        पर हुई थी अजनबी
आँख के झुलसे हुए आँसू
अचानक ही बहे
        आग थी, रोटी नहीं थी
        मिला आटा, आग ग़ुम
        राम की भी भूमि को
        जीना पड़ा है जहन्नुम
सिके ठंडे तवे पर रोटी
कि बस छाती दहे
        मत कहो, अब नहीं कुछ भी
        रहा मुँह का कौर
        जब कि कुछ सोचो कि टूटे
        एक तारा और
कौर आते नहीं अपने हाथ,
आते असलहे।

ये ज़िन्दगी उम्र से ग़ाफ़िल

अपनी हर तकलीफ़ आइने में
सीधी सच्ची लगती है
जब थोड़ी-सी पी लेता हूँ
ये दुनिया अच्छी लगती है
        होश हमारा ही दुश्मन है
        तबियत की मुफ़लिसी अजब है
        जो मिलती है दूकानों में
        बाज़ारों की ख़ुशी अजब है
ये ज़िन्दगी उम्र से ग़ाफ़िल
चंचल-सी बच्ची लगती है
        खोया गीत उभर आता है
        ज़ेहन अकेले में गा उठता
        जाम लिये महफ़िल में कोई
        रिश्ता बहुत सगा-सा उठता
पके घाव-सी ख़ामोशी भी
उफ़! कितनी कच्ची लगती है
        उग आते कितने चौराहे
        कितनी राह निकल आती है

एक लड़खड़ाहट सपनों की
गिरती, मगर सँभल जाती है
तकली-सी तारीख़, सुखों के
धागों की लच्छी लगती है।

सिर्फ़ आइने पोंछ रहे हैं

शक़्लें अपनी नहीं देखते
सिर्फ़ आइने पोंछ रहे हैं
लोग किसी मसले पर शायद
मिल-जुलकर कुछ सोच रहे हैं
शीशों के टुकड़े कर देते
हर टुकड़ा शीशा होता है
भीड़ जमा होती चेहरों की
असली चेहरा ही खोता है
धुन्ध उठा करती ज़ेहनों से
अक़्स-अक़्स को नोंच रहे हैं
बिगड़े रोज़ आयतन मन का
रोज़ ख़ूब कुछ गरमाता है
भीतर बैठा हुआ आदमी
जाने क्या-क्या फ़रमाता है
हैं ज़मीरवाले जितने भी
कब ज़मीर को कोंच रहे हैं
लोग अजब हैं, भूख लगे तो
धोख़े पर धोख़े खाते हैं
बिना लड़े थक जाने वाले
गीत लड़ाई के गाते हैं
जंग जीतनेवाले तो बस
चोट रहे हैं, मोच रहे हैं।

हम थे गहरे सन्नाटे में

याद नहीं आया हमको तो
कोई भूला हुआ कथानक
बैठे-बैठे बात हुई क्या
मन उदास हो गया अचानक
        हम थे गहरे सन्नाटे में
        पत्ता-पत्ता बोल रहा था
        एक हवा का झोंका,
        खिड़की-दरवाज़ों को खोल रहा था
हम दुनिया के सभागार में
देख रहे थे जैसे नाटक
        लहरें थीं अलसायी-ऊँघी
        हरक़त में थी बस निर्जनता
        गर्दन तक कीचड़ में धँसकर
        परिधि बनी थी हर पावनता
परिभाषा के मकड़जाल में
दुविधाएँ करती थीं कत्थक
        आसमान थे, लेकिन उनमें
        अस्त हुए सूरज गुमसुम थे
        फूल साँवले थे आँखों के
        मगर अनमने कब हम तुम थे?
समझ न आयी फिर भी शायद
कोई बात हुई है बेशक!

दर्द एक पौधा है

दर्द एक पौधा है
उगता-ही-उगता है
जीभ वहीं जाती है
दाँत जहाँ दुखता है
        यादें तारीख़ों की
        टीसा ही करती हैं
        सारी चोटें,
        पिछली चोटों से डरती हैं
गहरा है घाव वही
जो करता पुख़्ता है
        अब तो बेमेल बहुत
        क़ाफ़िये-रदीफ़ें हैं

रामायण-सी लम्बी
अपनी तकलीफ़ें हैं
सीता के बारे में
किसको उत्सुकता है?
हमख़याल छायाएँ
कैसे मुँह फेरे हैं
खिड़की-दरवाज़ों से
छन रहे अँधेरे हैं
सूरज भी जले हुए
कोयले ही चुगता है।

रोशनी को दूर से आवाज़ देते हैं

हम कि पर्चा लिख रहे
गहरे अँधेरों में
इन्हीं को तब्दील होना है
सवेरों में
        किरन बोनी है
        यहीं सूरज उगाना है
        सो रहीं रातें
        उन्हें पहले जगाना है
मर रहे हैं साँप,
दहशत है सपेरों में
        सजी रोटी थाल में
        दालें कटोरों में
        खलबली है
        सेठ-साहू-सूदखोरों में
जोश छाया
कामग़ारों में, कमेरों में
        जब कभी अल्फाज़ ये
        परवाज़ लेते हैं
        रोशनी को
        दूर से आवाज़ देते हैं
क़ैद हमको मत करो
सीकचों-घेरों में!

उमस का पानी

तरबतर हो गयी सूरज की
बहुत जलती हुई पेशानी
छोड़कर वातानुकूलन चलो बाहर
देख तो लो उमस का पानी
        है अजब भाषा सुभीते की
        हर ककहरा याद है तुमको
        समझ लो संघर्ष की बातें
        तब कहीं अच्छा लगे, ठुमको
हो मुख़ातिब सड़क की तहज़ीब से
भूलकर दावतें लासानी
        गर्म क़िस्से हैं हवाओं में
        और तुम ठंडे मकाँ में हो
        जहाँ सब कुछ मिल रहा बेमोल
        तुम शहर की उस दुकाँ में हो
ज़िन्दगी की मुश्किलें भी जान लो
तुम्हें होगी बहुत आसानी
        धूप के चर्चे बयाबाँ में
        रोशनी अन्धी गली में है
        गुदगुदे-से बिस्तरों की नींद भी
        कहीं गहरी बेकली में है
अब कि पैदा करो अपने में
आग पीती हुई ताबानी।

मैं अपने घर का मुखिया हूँ

व्यंग्य खिड़कियों-दरवाज़ों के
सुन लेता हूँ, सब सहता हूँ
मैं अपने घर का मुखिया हूँ
इस ख़ातिर ही चुप रहता हूँ
        कोई कुछ भी करे
        मूँदकर आँख, सहे जाता हूँ सब कुछ
        बहुत बार अपनी ख़ातिर भी
        सोचा, पर कर पाया कब कुछ?
अपने ही सपनों के घर में
ईंट-ईंट, गिरता-ढहता हूँ
        जाने कहाँ शील मर जाता
        हट जाता आँखों का परदा
        परम्परा का शव काँधे पर
        लेकर, फाँक रहा मैं ज़र्दा
मुस्कानों में दर्द उभरता
आँसू में छुपकर बहता हूँ
        अपनी तकलीफ़ों को अक्सर
        कपड़ों-सा देता हूँ तहिया
        अपनी जेब उलट देता हूँ
        भागा करता जैसे पहिया
सिर के बल चलती ख़्वाहिश को
कुछ भी कभी नहीं कहता हूँ

अपमानों या अनादरों की
सुबह-शाम बारिश होती है
मगर आइनों से बचने की
अपनी हर कोशिश होती है
यूँ तो हैं हमदर्द बहुत से
हाथ किसी का कब गहता हूँ
सब अपने में खोये रहते
कमरे-कमरे-आँगन-छज्जे
पाठ याद करती है मुनिया
पढ़ती है कर-करके हिज्जे
हिज्जे-हिज्जे, रिश्ते-नाते
रिश्ते-नातों में दहता हूँ।

हादसे मेहमान हैं

कील काँटे हैं हमारी ज़िन्दगी में
हम कि मध्यम वर्ग की पहचान हैं
दोस्त-रिश्तेदार-नातेदार सारे
तेज़ चूने का लगा-सा पान हैं
        बहुत छोटा हो रहा संसार अपना
        मर्ज़ बस अपना, दवा सरकार की
        पेट ख़ाली औ' पोटैंसी पाँच सौ
        बिलबिलाती है दशा बीमार की
लड़ रहे हैं किसी डायनासोर से
पात पर यूँ फ़ाख़्ता की जान हैं
        लोग ऊँचे और ऊँचे उठ रहे
        गिर रहा तो सिर्फ़ उनका आचरण
        फ़ीस बच्चों की किताबें योग की
        तनी रस्सी पर हमारा सन्तुलन
हम कि आगे मेज़बानी में रहे
इसलिए ही हादसे मेहमान हैं
        डाल्फिन की तरह कम होती गयी
        शर्म के जल में हमारी अस्मिता
        जब ख़रीदी कर्ज़ में खुशियाँ कभी
        ख़ुश हुए भाई-बहन, माता-पिता
रोज़ करवाचौथ घरवाली रहे
मौत अपनी मर गये भगवान हैं।

रुई अल्फ़ाज की उड़ती

कि हर तकलीफ़ को हमने
उसूलों-सा चुना है
मैं जो दो घूँट ले बैठा
तो अब ग़म सौ गुना है
कहाँ थी शामे-तनहाई
कहाँ था ज़िक्रे-जाना
कभी थे एक ठोकर में
ये दुनिया, ये ज़माना
कि अब उस ख़्वाब का क्या
रोज़ हर लम्हा बुना है
अँधेरा है, उजाला है
कि बस तुम ही नहीं हो
मगर आईना कहता है
कि तुम ही हमनशीं हो
बहुत ख़ामोश कमरे में
तुम्हें हमने सुना है
कभी रोशन निगाहों से
चले आओ, छुओ दिल को
भँवर के बीच लहराओ
जियो इस तरह साहिल को
रुई अल्फ़ाज़ की उड़ती
कि साँसों ने धुना है।

रोशनी के हिरन

हम सुबह को
इस तरह से गा रहे हैं
रोशनी के हिरन
भागे आ रहे हैं
        लहर की शोख़ हरक़त
        झील का वो कसमसाना
        तसव्वुर में कहीं जागे
        कोई भूला फ़साना
रास्ते, किन रास्तों को
जा रहे हैं
        कहीं बालिग तमन्ना है
        कहीं पर बचपना है
        उजाले को घड़ी भर भी
        कभी तकना मना है
सवेरे से क़यामत है
कि बादल छा रहे हैं
        कि दुनिया ज़िन्दगी देती
        कि दुनिया मार देती है
        कि कुछ हो, प्यार देती है
        तो केवल प्यार देती है
जिये हम जा रहे हैं
या सितम ही ढा रहे हैं।

टूटी पत्तियों का ताल हैं

पेड़ से हम अलग
टूटी डाल हैं
या कि टूटी पत्तियों का ताल हैं
पात टूटे, टूटती बौछार हो
मन-प्राण टूटे
कुछ भले हो, नहीं मिटते
याद के वो बेलबूटे
हम कि अपनी
मुक्ति का ही जाल हैं
व्यवस्था का बदल जाना
और गिर-गिरकर सँभलना
है सदा हक़ में हमारे
मौसमों का यह बदलना
बहुत अच्छा है
कि हम बेहाल हैं
शाम जागे, दोपहर जागे
कि कच्ची भोर जागे
सुनो पीली पत्तियों की
बारिशों का शोर जागे
हम चढ़ाई हैं
कि हम ही ढाल हैं।

आँख में कुछ मरी मछली के

एक खोयी-सी लहर
रह-रह सुनाई दे
आँख में कुछ, मरी मछली के
दिखाई दे
देह पर काँटे
कि सारी आहटें मुर्दा
हर चुभन का गीत
रटता रहा दिल-गुर्दा
वक़्त बिछलन दे
फिसलती हुई काई दे
देह पर छुवनें नदी की
हैं अभी बाक़ी
बहुत ज़िन्दा ख़्वाहिशों की
थमी तैराकी
मिट गयी तकलीफ़
कोई क्या दवाई दे
नदी-पोखर-ताल
फिर-फिर मर्तबानों में
रही पानी के
बहुत से कारख़ानों में
मेज़बानी,
छुरी-काँटे दे, सलाई दे
रही प्यासी,

प्यास ही बस रही गुस्ताख़ी
यही मछली थी
कबीरा की कभी साखी
है रुलाई ही वही
जो जग हँसाई दे।

ये जलती दोपहरी हैं

लोग अजब हैं
भाषण का सुख लेते हैं
गूँगों के आगे भी
माइक देते हैं
        तरह-तरह की हलचल हैं
        सरगर्मी हैं
        यहाँ हादसे भी तो
        उत्सवधर्मी हैं
अपने ही दुश्मन हैं
और चहेते हैं
        जितने चेहरे
        उससे ज़्यादा शीशे हैं
        मर्ज़ बहुत मामूली,
        ऊँची फीसें हैं
उम्मीदों के
नकली अंडे सेते हैं
        बादल हो तो
        चोटें गहरी-गहरी हैं
        सूरज हो तो
        ये जलती दोपहरी हैं
इसकी-उसकी-अपनी
गर्दन रेते हैं।

हवा भी बहुत भारी है

बोझ मन पर है
हवा भी बहुत भारी है
आज यादों के घरों में
सेंधमारी है

कुछ अजब एहसास हैं
जो छू नहीं पाये
बेसुरे से दर्द, यूँ तो
झूमकर गाये

फ़लसफ़े में मुसलसल
तारी ख़ुमारी है

हिरन होता ही नहीं
ऐसा नशा क्यों है
ज़िन्दगी को इस कदर
हमने कसा क्यों है?

लगे अपने आप पर
अपनी सवारी है

जानना सब कुछ
कि ये अपनी ख़ता भी है
देखिये तो
आइनों को कुछ पता भी है

शक़्ल पर है शक़्ल
या जादूनिगारी है।

बुद्ध मुस्कुराये

इक उदास हँसी लिये
बहुत छटपटाये
बुद्ध का मज़ाक बना,
बुद्ध मुस्कुराये
बुद्ध पूर्णिमा को ही
हो गया अँधेरा
सन्तों के शासन में
बुझ गया सवेरा
उस पर यह भ्रम है
सौ सूर्य झिलमिलाये
समझदार लोग,
बिना काई के फिसले
मानवता देख रही
ख़ून भरे तसले
ज़ख़्मी इतिहासबोध-
पंख फड़फड़ाये
प्रेम का, अहिंसा का
पाठ लड़खड़ाया
संसद में बैठ,
एक शख़्स बड़बड़ाया
अन्धों की आँखों में
दृश्य झिलमिलाये
करुणा बीमार हुई

मौन हुए सपने
कैसा विज्ञान
लगा राम-नाम जपने
सच सुनकर बस्ती के
लोग तिलमिलाये
प्रगतिशील मूल्यों की
परिभाषा बदली
ऐसा विस्फोट हुआ
दृष्टि पड़ी धुँधली
चुक जाने पर ख़ुद ही
तर्क तमतमाये
राह क्या दिखाएगी
बुझी हुई तीली
हरे घाव लिये,
देह संस्कृति की नीली
जिनमें थी आग,
वही शब्द थरथराये
कान खोल सुनती है
सभ्यता धमाके
स्याह हुए जाते हैं
बस्तियाँ-इलाक़े
ग़ाफ़िल संघर्षों ने
नये गुल खिलाये
सौ नये परीक्षण हैं
पेट मगर ख़ाली
बिन रोटी के बहुमत
कर रहा जुगाली
भूखा यह देश
सिर्फ़ राष्ट्रगान गाये
देश भक्ति का नुस्खा
सिर चढ़कर बोला

तन गया वही मुँह
जो अब तक था झोला
एक नहीं कितने ही
अश्व हिनहिनाये।

जय पोखरन!

सस्ता हुआ है आचरण
महँगा हुआ धरती-गगन

है प्याज का बिगड़ा चलन
आलू जलाये तन-बदन
टूटा सभी का सन्तुलन
सत्ता बढ़ाये क़द-वजन
        जय पोखरन! जय पोखरन!!
        जयति जय-जय पोखरन!

        बिजली गयी, पानी गया
        सुख-चैन सब यानी गया
        जो रंग था धानी गया
        सद्भाव के मानी गया
क्या काम दे पूजा-हवन
ठंडी न हो दिल की जलन
धू-धू जलें चिन्तन-मनन
विस्फोट है या उत्खनन
है सिर्फ़ उत्पीड़न-दमन
        जय पोखरन! जय पोखरन!!
        जयति जय-जय पोखरन!
        भूली कहानी राम की
        जय हुई नाथूराम की

सपने खटाई में पड़े
पूछो न क़ीमत आम की
अब भूख कैसे हो शमन
रोटी जलाती प्राण-मन
सच का हुआ काला बरन
झूठा हुआ सब जान-तन
है ज़िन्दगी जैसे मरन
कोई नहीं है दुखहरन
जय पोखरन! जय पोखरन!!
जयति जय-जय पोखरन!

बादल जले गेहूँ जला
फिर धान का भी खूँ जला
है चाय भी बिन दूध की
सच बोलने में मूँ' जला
दुख की लहर पर सन्तरण
है कर्ज़ में डूबा वतन
बम फोड़ता है ख़ुद अमन

क्या यही होगा आमरण
शासन करेगा पद-दलन
उपलब्धियों का संकलन
जय पोखरन! जय पोखरन!!
जयति जय-जय पोखरन!

आवाज़ से भी शक़्ल बनती है

हमारी दुश्मनी
आइने से इस तरह ठनती है
हमारे ज़ेहन में
आवाज़ से भी शक़्ल बनती है
        कभी रोशन ख़यालों का
        कभी कमतर निगाहों का
        मुसलसल सिलसिला होता
        फिसलती हुई राहों का
झरोखों-जालियों से
हर घड़ी रोशनी छनती है
        बहुत मुरझा गये मन को
        हरी-सी शाख देती है
        हमारी आँख, अन्धे कुओं को भी,
        आँख देती है
जहाँ पर धूप हो ज़ालिम,
वहाँ भी छाँन तनती है
        हज़ारों फ़लसफ़े होते
        हज़ारों मरहले होते
        शजर वो याद आते हैं
        जहाँ से हम चले होते
कि हर तारीख़,
गुज़रे वक़्त की धड़कनें सुनती है।

फिर असलहे बनाने हैं

नयी सुबह के
झुग्गी-झोपड़ियों में ठौर-ठिकाने हैं
साथी, अपना लोहा दे दो
फिर असलहे बनाने हैं
    फूलों पर सजती मोती-सी
    ओस बीनने आया है
    उसे मारना है जो
    मुँह के कौर छीनने आया है
प्यास हमारी है तो हमको
सागर भी लहराने हैं
    सूरज तो सबका है लेकिन
    किसी-किसी का उजियारा
    भूख किसी की और किसी की
    रोटी, कैसा बँटवारा?
अपनी-अपनी आग सँजोकर
बुझते दिये जलाने हैं
    ठंडा चूल्हा, चूल्हे पर
    रक्खी बटलोही ख़ाली है
    बस्ती की सूनी आँखों में
    अँधियारी दीवाली है
गहरी नींद सो रहे सपने,
सपने हमें जगाने हैं!

जल रहीं ओजोन की पर्तें

एक ज्वालामुखि समय का
फूटकर जैसे बहा है
जल रहीं ओजोन की पर्तें
कि मौसम जल रहा है
        हैं फफोले रोशनी के
        ज़ेहन पर भी हैं फफोले
        दह रहे लाक्षागृहों की
        खिड़कियों को कौन खोले?
आलमारी में,
हवा की साँस को किसने तहा है?
        हैं धुआँये हुए बादल
        बारिशें तेजाब की हैं
        रूह तक झुलसी हुई हैं
        बस्तियाँ जो ख़्वाब की हैं
गन्ध है बारूद की
हर हादसा ज्यों अनकहा है
        था नहीं सूरज सुबह का
        इस कदर सहमा-डरा-सा
        क्या हुआ, जो आदमी-सी
        हो गयी है हिंस्त्र भाषा
लोग नंगे हो रहे
तहज़ीब की ये इन्तिहा है।

आरती–अज़ान अचकचाये

आरती–अज़ान अचकचाये
ख़ून के पड़े ऐसे छींटे
अब कोई पान क्या रचाये?
ऐसी मोज़ैक हुई धरती
फिसलन है काई से ज़्यादा
मन्दिर के, मस्ज़िद के गुम्बद
अट्टहास पर हैं आमादा
धर्मों के फैले हैं जबड़े
ख़ुद को क्या ज़िन्दगी बचाये?
पाँव में सियासत के घुँघरू
गूँज रहे संसद के कोठे
रोशन है काला अँधियारा
रोशन हैं कुछ गली–बरोठे
दिल्ली में बैठकर मदारी
'मेहसाणा', 'गोधरा' नचाये
ईंट–ईंट सोने की चमकी
काला धन हुआ बहुत गोरा
साहब तो साहब ही ठहरे
बाप हुआ साहब का छोरा
हाजमा कमीने का देखो
सेठ कई बिल्डिंगें पचाये
पेट डुगडुगी जैसा पीटें
रोटी की बहुत कठिन भाषा

लोग सुनें शंकर का डमरू
देखें फुटपाथ का तमाशा
हर अभाव प्रेत-हँसी हँसता
ओढ़े क्या और क्या बिछाये ?

ये ब्रह्मा हैं

नियम सृष्टि का— किसे पड़ी है
कौन इन्हें समझाये
ये वो-वो लिखते हैं
जो-जो जी में आता जाए
ये ब्रह्मा हैं नमन इन्हें सौ बार
इनकी मुट्ठी में सारा संसार
        कभी पाठ्यक्रम बदल दिया तो
        कभी नज़र ही बदली
        ये ऊँचे आसन पर बैठे
        कात रहे हैं तकली
रोज़ नया हादसा इन्हें बहलाये या सहलाये
बहुमत बस पंजाब-सिन्धु-गुजरात-मराठा गाये
जितने प्रान्त खड़ी उतनी दीवार
छुए आसमाँ, राष्ट्रधर्म का ज्वार
        करें कारसेवा संसद में
        सड़कों की तह खोलें
        बहुत अ-सरकारी हैं,
        सरकारी ज़बान में बोलें
भारतीय संस्कृति के पोषक अमरीका में छाये
गाँव-शहर सब खा डाले हैं फिर भी नहीं अघाये
इनका शासन है, इनकी सरकार
तैर रहे हैं बिन पानी-पतवार
        हल करते कश्मीर-अयोध्या

पहनें साफ़ा-पगड़ी
घुटनों के बल चलें, मगर
योजना बनाएँ तगड़ी
सच क्या कहें मंच पर इनका भाषण हाँफा जाये
तीन रंग का दर्द, तिरंगा लहर-लहर लहराये
दिखें दूरदर्शन पर बारम्बार
खादी, लगे सफ़ेदी की चमकार।

कम्प्यूटर में फ़ीड

घुटता घर-दालान कि घुटती सीलिंग है
कम्प्यूटर में फीड हमारी फ़ीलिंग है
दिन-दिन भर बस
सजी मेज पर थकती है
क़लम पड़ी 'की-बोर्ड',
दूर से तकती है
बटन दबाकर ही बस रीडिंग-राइटिंग है
क्रूर समय पर
बरसा जबर हथौड़ा है
फ़ैक्स और ई-मेल का
घोड़ा दौड़ा है
पर हर मसला जैसे 'अंडरटेकिंग' है
आँसू पीती
नीली स्याही सूखी है
मन की बात बिना
हर खिड़की भूखी है
वैसे वार्ताओं में बीज़िंग-नानकिंग है
ए.सी. कमरा है
खर्चों पर खर्चे हैं
अमेरिका तक
बस वायरस के चर्चे हैं
'की' पर उँगली है, क्लोज़िंग है, क्लीनिंग है

इक रिमोट से
रंक हुए महराजे हैं
मंचों पर मानव के
क्लोन विराजे हैं
महामनाओं की भी होती क्लोनिंग है।

बकरे बकरीद के

सजे-धजे बकरे बकरीद के
कौन-सी शहादत है, कैसी कुर्बानी
चेहरे हैं सुर्ख़रू शहीद के
माथे पर टीका है
गर्दन में घुँघरू
चेहरे पर, आँखों में
लहक रहा लोहू
सजे-धजे बकरे बकरीद के
ख़ून में नहाये से लगते हैं
सुबह-सुबह सपने ख़ुर्शीद के
मुँहों कलेजा आया
थाल में कलेजी
बतियाहट में, हिन्दी-
उर्दू-अँग्रेज़ी
सजे धजे बकरे बकरीद के
चौके से नाली तक बोटी-ही-बोटी
रोशनी लपेटे हैं अँधियारे दीद के
हवा में चमकता है
तेज़ धार चाकू
आपा, अब्बा, ख़ाला,
चहक रहे काकू
सजे-धजे बकरे बकरीद के
मिमियाहट, फूल और मालाएँ

हम खुश हैं जश्न को ख़रीद के
आँखों की छुरियाँ भी
गोश्त पर धँसाई
मफ़लर से कानों को
खींचते कसाई
सजे-धजे बकरे बकरीद के
हम ड्राइंगरूमों में बैठे से
वंशज हैं चील और गीध के
छिटक रहे सिर-ही-सिर
पूँछ हाथ मारे
उल्टी लटकी, लतपथ
देह क्या पुकारे?
सजे-धजे बकरे बकरीद के
मक्खियाँ उड़ाती तारीख़ें
पथराते मेमने उमीद के।

रस्ते हैं पैबन्द लगे से

रस्ते हैं पैबन्द लगे से
ज्यों ज़ख़्मों को ढाँपे हैं
इन सड़कों पर आगे बढ़ते
पाँव हमारे काँपे हैं
चलते-चलते, चलते-चलते
उम्र यहाँ तक आ पहुँची
अब तो बहुत ख़ौफ़ लगता है
समझ जहाँ तक आ पहुँची
आग बुझ गयी है,
पर बीती तारीख़ों को तापे हैं
नोंच रहे हैं चेहरा अपना
शहर-गाँव के सन्नाटे
पड़े-पड़े कुछ सोच रहे हैं
ये पड़ाव के सन्नाटे
वरदानों के क़िस्से छोड़ो
वो भी गये सरापे हैं
कैसी, कितनी और कौन-सी
कठिन दूरियाँ मत पूछो
अल्कोहल वाली साँसों की
गहरी साँसत मत पूछो
उनकी पूछो बिना चले ही
जो हर दूरी नापे हैं।

चलनी में पानी है

चलनी में पानी है
पानी में धोखा है
क्या कहिए! प्रजातन्त्र
बड़ा ही अनोखा है
        है केवल स्वगत-कथन
        या गुमसुम बोली है
        मुख्य मंच पर, लेकिन
        बम-कट्टा-गोली है
हर विरोध टूटा-सा
बाजा है, खोखा है
        शब्दों के ख़ून से

हुई कितनी काई है
'गाँधी मैदान',
मार-काट की दुहाई है
भीड़ देख, भाषण का
रंग हुआ चोखा है
दरवाज़े-खिड़की हैं
मोटी दीवारें हैं
भीतर से बौनी
ये ऊँची मीनारें हैं
सब कुछ कह देता,
जो जाली है, मोखा है
क्या खोया, पिछले दिन
हम कितने पिछड़े हैं
औरों को क्या बतलाएँ
ख़ुद से बिछड़े हैं
केवल उपलब्धि-प्रगति—
का लेखा-जोखा है।

जटिल जीवन जगमगाता है

हवा पानी में, दिशाओं में
सुबह की सम्भावनाओं में
        गौर से देखो कहीं कुछ है
        इसी धरती पर कि सचमुच है
छटपटाती प्रार्थनाओं में
        कौन कहता है, नहीं कुछ है
        है नहीं तो फिर वहीं कुछ है
जन्म से प्यासी प्रथाओं में
        जड़ों से लिपटी हुई मिट्टी
        या कि अनुभव की हरी पत्ती
भीगते हैं सब घटाओं में
        धूप से भी बात होती है
        क्या पता, कब रात होती है?
जोगियों की कन्दराओं में
        कौंधती बिजलियाँ कुढ़ती हैं
        ज़ेहन में तितलियाँ उड़ती हैं
साँस धुलती है ऋचाओं में
        रोज़ कोई अर्थ पाता है
        जटिल जीवन जगमगाता है
नहीं बँधता मान्यताओं में।

कॉलबेल के साथ

कॉलबेल के साथ
द्वार पर ही दुम हिलाता
भौंकता अभिजात
        लौट जाती धूप देहरी से
        कि बादल लौट जाते
        टूटते संवाद मन में
        शब्द सारे छटपटाते
कॉलबेल के साथ
उग रहे हैं दिन शहर में
जगे काली रात
        सभ्यता भी दुम हिलाती
        बन्द दरवाज़े न बोलें
        खोलकर दिल क्या मिलें जो
        एक भी खिड़की न खोलें
कॉलबेल के साथ
चौंकते हैं घर-बरोठे
डरे कोई बात
        घुटे सूरज सींकचों में
        क्या करे सूरजमुखी भी
        देखती है सुबह,
        मद्धिम रोशनी की आँख भीगी
कॉलबेल के साथ
लॉन ही जब मुँह सिकोड़े
क्या खिले परिजात।

तापमान भीतर का

तापमान भीतर का
आग का कुआँ है
बाहर सब होठों पर
दुआ-ही-दुआ है
        पथ्य की प्रतीक्षा थी
        उसको नेपथ्य मिला
        मालाएँ चित्रों पर
        मंचों को कथ्य मिला
बीवी-बच्चे-भाई
फफकती बुआ है
        एक फूल पँखुरी पँखुरी
        होकर बिखरा है
        आँगन में, कमरों में
        सन्नाटा पसरा है
पिंजरे में गुमसुम-सा
सुबह का सुआ है
        स्वप्न जो अधूरा था
        स्वप्न वो अधूरा है
        नीले पड़ गये होठ
        आसमान भूरा है
बीत गया दिन कोई
आँख से चुआ है।

तारीख़ों की नदी...

याद कई सीढ़ियाँ चढ़ी है
तारीख़ों की नदी बढ़ी है
        कैलेंडर छटपटा रहा है
        उसने केवल दर्द सहा है
चेहरों की हर चोट पढ़ी है
        शाम-सवेरे टीस रहे हैं
        बारिश में भी लोग दहे हैं
झूठी दुनिया रची-गढ़ी है
        असुरक्षित रक्षा कवचों की
        पत्थर जैसे क्रूर सचों की
शीशों ने तस्वीर मढ़ी है।

ज़िन्दगी परवाज़ लेती है

इस ज़मीं पर आज सब कुछ है
धुआँ भी, आग भी औ' रोशनी भी
यहाँ से ज़िन्दगी परवाज़ लेती है
हमें आवाज़ देती है
          तुम्हारे पास क्या है
          अगर सपने नहीं हैं
          सफ़र में पाँव भी
          दुखने नहीं हैं
यहाँ से आसमाँ देखो कभी तो
है बादल की सुराही, तिश्नगी भी
यहाँ से ज़िन्दगी परवाज़ लेती है
हमें आवाज़ देती है
          जहाँ पर तुम खड़े हो
          बस हवा है
          तुम्हारा अक्स ही
          क्या दूसरा है?
अकेले हो हमारे पास आओ
दिये ख़ुद बालती है तीरगी भी
यहाँ से ज़िन्दगी परवाज़ लेती है
हमें आवाज़ देती है
          बहुत अच्छी नहीं
          अपनी बड़ाई

कभी तो ठान लो,
ख़ुद से लड़ाई
बुलाते हैं तुम्हें आइनाख़ाने
बुलाता है तुम्हें यह आदमी भी
यहाँ से ज़िन्दगी परवाज़ लेती है
हमें आवाज़ देती है।

कोई भाषा जागी है

बूटा-बूटा महक उठा है
पत्ती-पत्ती खड़की है
फिर कोई विचार कौंधा है
माथे की नस तड़की है
          था कोई तनाव, जो मन में
          शक़्ल ले रहा रचना की
          बादल भिगो रहे हैं जैसे
          जलते-से 'नागासाकी'
खुलने लगे बन्द दरवाज़े
खुलती खिड़की-खिड़की है
          भाषा के आगे जाकर भी
          कोई भाषा जागी है
          'विन्ध्याचल' या 'अरावली' है
          या फिर कहीं 'सुहागी' है
कोई बिजली कड़की है
या आँख हमारी फड़की है
          ग़ायब हुई नींद, लहरों पर
          बलखाती नावें दीखीं
          रखना पड़ा हाथ कानों पर
          तारीख़ें इतना चीख़ीं
भड़की आग, शब्द का अब क्या
टोटा? कैसी कड़की है?

धुन्ध पगुराता नशा

रात का गहरा अँधेरा
और गहराता नशा
किसी परचम-सा, हवा में
झूम लहराता नशा

    इस नशे को नाम क्या दें
    आप पागलपन कहें
    मूड हो जैसा, जुलाई कहें
    या सावन कहें

बात थी कोई उसी को
आज दुहराता नशा

    रोशनी थी जो, वही है
    आँख ही बदली लगे
    नींद में ही बुदबुदाते
    पास के रिश्ते सगे

पास आकर छू रहा है
जगा, दुलराता नशा

    इस अँधेरे को समझना है
    समझना है समय
    तय अभी करने हैं रस्ते
    जो नहीं हो सके तय

जानवर-सा, इस समय की
धुन्ध पगुराता नशा।

कथ्य हमारा

लिखते वक़्त क़लम में
पत्थर अटका करता है
कथ्य हमारा शीशे जैसा
चटका करता है
भरी नींद में खुल जाती है
आँखें यादों की
शिथिल शिल्प को कसती हैं
मुट्ठियाँ इरादों की
सन्नाटा, सिर चट्टानों पर
पटका करता है
धार-धार मौसम होता है
लहर फिसलती है
एक मोमबती रातों में
बुझती जलती है
सूने में मन का दरवाज़ा
खटका करता है
कितने सारे भाव, घाव से
खिल-खिल जाते हैं
खोये हुए सिरे, उजियारों को
मिल जाते हैं
संवेदन का तार हवा में
लटका करता है।

दरियाओं का क्या होगा?

अपने जख़्म हरे जो होंगे सहराओं का क्या होगा
हम ही प्यासे रहे अगर तो दरियाओं का क्या होगा
कहाँ सुराही जाम-ओ-मीना
कहाँ मयक़दा या साक़ी
कहीं विरासत ही वहशी है
कहीं, नहीं कुछ भी बाक़ी
रस्ते कहीं नहीं ले जाते बात करें क्या रस्तों से
चुल्लू बाँधे खड़े रहे इन चौराहों का क्या होगा
क़दम डगमगा जाते लेकिन
नशा न होता ज़ेहनों में
उतर देह से नकली सोना
चमके मन के गहनों में
आग फैलती ही जाती है, यह तो उसकी फ़ितरत है
जो यक़ीन में बदल रहीं उन अफ़वाहों का क्या होगा
एक सुरूर, एक आँधी की
मुद्दत से बस ख़्वाहिश है
कभी ख़त्म तो हो ख़ुद ही से
यह जो गहरी रंजिश है
शीश महल में चेहरा-चेहरा ख़ामोशी ही पसरी है
एहसासों के हर दरिया में ग़ुम नावों का क्या होगा
चुप है लफ़्ज़ों का चेहरा भी
सिर्फ़ हवा है हरक़त में
ज़बाँ कट रही सच कहने में

समय फँसा है साँसत में
आयी नहीं चोट कोई भी, दर्द नहीं उभरा कोई
हुए नहीं जो घाव दिलों में उन घावों का क्या होगा?

धर्म है इतिहास पर हावी

है नहीं रोटी, कि थाली है
हर नज़र लगती सवाली है
        धर्म है इतिहास पर हावी
        हर कहीं है बसा 'धारावी'
जाति के फल-फूल बिकते हैं
देश ठेला है कि ट्राली है
        सिन्धु-सतलुज, बेतवा-रावी
        है न कोई लहर सद्‌भावी
सच कहीं हिन्दू, कहीं मुस्लिम
सच कहीं पर सिख-अकाली है
        नींद में है योजना भावी
        हो गये हैं लोग दुनियावी
एक भाषा की वक़ालत है
आड़ में उसके दलाली है।

तौबा-तौबा!

हम जैसा ही लहराया है
तौबा-तौबा
ख़ुदा मयक़दे में आया है
तौबा-तौबा
और अलामत
समय बदलने की क्या होगी
अपने में ही, सोयी-जगी
अयोध्या होगी
नशा इबादत-सा छाया है
तौबा-तौबा
जाम हमारा
भर देने पर आमादा है
ख़तरनाक है नहीं,
बहुत सीधा-सादा है
दुनिया से ही घबराया है
तौबा-तौबा
आँख फाड़कर देख रहे,
जो बचे हुए हैं
हिन्दू-मुस्लिम
क्या उसके ही रचे हुए हैं?
सोच-सोचकर चकराया है
तौबा-तौबा!

छटपटाहट है

मौसमों के पाँव की आ रही आहट है
या कि पत्तों की हवा में सरसराहट है
छटपटाहट है अजब-सी छटपटाहट है
खुल रही हैं खिड़कियाँ
कुछ रोशनी भी है
रोशनी के साथ
लिपटी तीरगी भी है
फ़िजा है ख़ामोश फिर भी गुनगुनाहट है
छटपटाहट है अजब-सी छटपटाहट है
इक अकेला मन
लड़े कितने अकेलों से
ज़िन्दगी कब तक जियें
हम तालमेलों से
होठ पर ठिठकी हुई-सी बुदबुदाहट है
छटपटाहट है अजब-सी छटपटाहट है
कुछ नया तो हो
कि सब मंज़र पुराने हैं
तेज़ आँधी में
हमारे आशियाने हैं
ख़ुश्क तिनके हैं कि उनमें तिलमिलाहट है
छटपटाहट है अजब-सी छटपटाहट है।

मक्खियों को घाव चहिए

भिनभिनाने का बहुत मन है
सोचिए तो कहाँ रहिए
कह रही है चोट तिथियों की
मक्खियों को घाव चहिए
        आग ही बस आग है चारों तरफ़
        ग्रन्थ जलते, जल रहा है हर हरफ़
        सर्द हैं तो सिर्फ़ रिश्ते ही यहाँ
        गिर रही सम्बन्ध पर ख़ासी बरफ़
आग कैसी, बर्फ़ कैसी, क्या कहें?
ख़ून से कहिए कि बहिए
        सिर्फ़ है तकलीफ़ की भाषा कठिन
        जग रहा है दर्द का जंगल गझिन
        आप अपनी कर्ज़दारी में फँसे
        भला ख़ुद से किस तरह होंगे उऋण
आपके पैरों तले काँटे बिछे
आप से अच्छे लगें पहिये।

कहीं मन में 'रिंग' होती है

कहीं मन में 'रिंग' होती है
फोन तो 'डेड' है कई दिन से
बात अपने आप से क्या हो
बात कैसी भला पल-छिन से
        बहुत उचटी दोपहर है ये
        धूप है, पर अनमनी-सी है
        पत्तियाँ हैं परेशानी में
        बस हवा में सनसनी-सी है
सरकती हैं घड़ी की सुइयाँ
जूझती हैं समय-सापिन से
        बरसता है सिर्फ़ सन्नाटा
        ज़ेहन पर ख़ासा कटीला-सा
        हाथ में रह-रह लरजता है
        आँख का रूमाल गीला-सा
बहुत ही बंजर उदासी है
निभ रही है उसी बाँझिन से
        हर भरम, हर वहम, हर सच की
        डोर मन को कसे-खींचे क्या?
        दर्द है, कोई नहीं हमदर्द
        दर्द अपनी आँख मींचे क्या?
दुख अजब था, दुख न था कोई
फूल ख़ुश थे हवा-मालिन से

शक़्ल थी तनहाइयों की, पर
आइने थे हमख़यालों-से
टीस की हर घटा छूती थी
हमें अपने खुले बालों रो
एक उससे मिले फिर सोची नहीं
मिलें उनसे या कि फिर इनसे।

पूरा ये जीवन

पूरा ये जीवन
जीकर देखा
तकरीबन
मोल-भाव, सूद-ब्याज
बटन काज, सौ अकाज
पूरा ये जीवन
जीते कैसे
आधे मन
आस-पास, भूख-प्यास
अन्धी बहरी बतास
पूरा ये जीवन
जीते आये
चाँद गहन
कदम-कदम, चोट-घाव
गरदन तक बस अभाव
पूरा ये जीवन
जिया ही नहीं
परिवर्तन।

सल्तनत का सच

सल्तनत का सच
समझ आता नहीं
यह व्यवस्था
धूप का छाता नहीं

मूल्य हैं या मान्यताएँ हैं
सूदखोरों की सभाएँ हैं
वक़्त, कब आवेग में
गाता नहीं?

लोग केवल कान में बोलें
या कि फिर सुनसान में बोलें
दर्द, वो क्या जो
सहा जाता नहीं

आपसी रिश्ते समझ लीजे
फिर न कोई बाद में खीझे
टूटने को ही बना
नाता नहीं।

कठिन ग़रीबी

बात-बात पर दाँड़ी मारे
कम तोले
कड़ुवाहट घोले, यूँ तो
मीठा बोले
क्रूर महाजन हमसे दुर्व्यवहार करे
कठिन ग़रीबी हमसे कितना प्यार करे
पलक झपी बटखरे बदल दे
छिन भर में
काला धन सफ़ेद कर देता
दिन भर में
अपनी चौकी पर बैठा
हाले-डोले
खोले आँख कि सिर्फ़
बही खाता खोले
ब्याज-मुनाफ़ा, कर्ज़े की तकरार करे
हमे लूटकर नित अपना त्यौहार करे
बुरा वक़्त भी
लगे महाजन जैसा ही
माई-बाप, बहन-भाई है
पैसा ही
मोलभाव का चेहरा
खाये हिचकोले
बात-बात में
जो जी में आये, बोले

बस टाटा-बिड़ला की जय-जयकार करे
ग्राहक से ही अपनी आँखें चार करे
चोरी का ख़तरा है
चौकीदारों से
बचकर रहना
सेठों-साहूकारों से
जब-तब घड़ियाली आँसू से
मुँह धोले
दीन दुखी लोगों पर
थोड़ा-सा रो ले
महँगाई की बढ़ी नदी को पार करे
इस पर, उस पर, सब पर ही अधिकार करे
निकला हुआ पेट
बनियाइन फँसती है
आँख हमारी जेबों पर ही
धँसती है
ठगे जा रहे, गाँव-गली
बस्ती-टोले
आँख बचाकर तहियाता
बोरे-झोले
टुकड़ा-टुकड़ा सारा घर-संसार करे
पूछो नहीं कि हमको बस बीमार करे।

लड़की चकई चला रही है

लड़की चकई चला रही है
ख़ुद उसको चकई होना है
एक डोर से खुल जाना है
एक डोर में ही खोना है
        काट रही है हवा,
        कट रही है कगार-सी पानी में
        चेहरे पर झाँई है, शीशा
        औंधा रखा जवानी में
फ़सल नदी की उसे काटनी है
केवल आँसू बोना है
        गोल-गोल घूमना धुरी पर
        ऐसा भी क्या धरती होना
        रोज़ नये जख़्मों का खुलना
        फिर-फिर सीना और पिरोना
साँस-साँस तुरपाई करना
फटा हुआ मन का कोना है
        उसके लिए नहीं है,
        रोशनदानों से झरता उजियारा
        घर होने के लिए उसे ही
        हो जाना है ईंटा-गारा
अपने लिए शाप है कोई
अपना ही जादू-टोना है

कभी नहीं कटती काई-सी
पड़ती है लाठी-पर-लाठी
परसी हुई पुरुष के आगे,
भोग। जाना है परिपाटी
है गिलास-लोटा-थाली-सी
या फिर पत्तल है, दोना है।

बुढ़ापा

जीवन भर 'कोटपीस'
खेल चुकीं आपा
खेल रहा अब तो
'पेशेंस' ही बुढ़ापा
        यह पीढ़ी कसती है
        जूते का तस्मा
        उसको क्या, टूटा है
        चाची का चश्मा
देहरी ने खाँसी का
राग ही अलापा
        पैरों के नीचे के
        रास्ते अकड़ते
        सब सोचे समझे-से
        'ट्रम्प' ग़लत पड़ते
खिड़की-दरवाज़े सब
खोते हैं आपा।

कोई कितना ज़िल्द चढ़ाये

पेज़-पेज़ पर नंगापन है
कोई कितना ज़िल्द चढ़ाये
        सोयी हुई लाज के मुख पर
        जगते हैं अश्लील इशारे
        अँधियारे हो रहे प्रकाशित
        चेहरा चुरा रहे उजियारे
हँसती-सी निर्लज्ज देह पर
मन का गहना कौन गढ़ाये?
        कील ठुकी-सी दीवारों पर
        शर्म और संकोच गड़े हैं
        खिड़की जैसी आँखें लेकर
        जाने कितने लोग खड़े हैं
रह-रह आदमक़द शीशे में
वहशत सौ-सौ चित्र मढ़ाये
        पास-पड़ोस दिखें खलनायक
        झिझके-से क्या करें किवाड़े
        बीजगणित है सबका अपना
        सबके गिनती और पहाड़े
रौंदी गयी गन्ध ही कब तक
रूमालों पर फूल कढ़ाये!

कोई चला गया है शायद

दिया अकेलेपन का
अपनी साँसों से ही
जला गया है शायद
ख़ाली कुर्सी है
    शीशे के आगे
    कोई चला गया है शायद

    जो चला गया है
    उसके बोल हवा में हैं
    हम बीते कल की
    उँगली अब भी थामे हैं
कठिन बर्फ़ थी
चुप-चुप, सख़्त इरादों की
मौसम गला गया है शायद

बस छायाएँ ही अपनी
    हमदर्द हुईं
    रोशनियाँ भी पत्तों जैसी
    ज़र्द हुईं
    अपना ही ज़मीर
    अपने ही हाथों से
    खुलकर छला गया है शायद!

पैमाने ही शरमाये

जैसे-जैसे चढ़े सीढ़ियाँ
वैसे-वैसे घबराये
जितनी-जितनी भाषा सीखी
उतना-उतना तुतलाये
        हमें चिढ़ाते रहे शान से
        कसे गये फ़िकरे-जुमले
        हाथ न आयी ग़ज़ल मुकम्मल
        बिखर गये मक़ते-मतले
आँख वही थी, ख़्वाब वही था
आँसू भी भर-भर आये
        कहीं आग थी धुआँ-धुआँ-सी
        और कहीं पानी गँदला
        वही गिरा औंधे मुँह, सूने में
        जो भी नगमा उछला
राग वही था, होठ वही थे
रहे मगर हम अनगाये
        अँधियारे थे मोटे-ताज़े
        उजियारे पतले-दुबले
        हमें जगाते रहे नींद से
        कितने सूर्योदय पिछले
जाम वही था, शाम वही थी
पैमाने ही शरमाये।

मुँह नहीं, मुँहासे हैं

अपनी ही धुरियाँ हैं
शक़्ल सजे शीशे हैं
तेवर की छुरियाँ हैं
मस्जिदें-शिवाले हैं
धर्म के निवाले हैं
बन्द पड़ी घड़ियाँ हैं
जख़्म की दुकानें हैं
कई कारख़ाने हैं
ऐंठती लकड़ियाँ हैं
रातों के कोसे हैं
धूप के भरोसे हैं
बेड़ी-हथकड़ियाँ हैं
दहशत ने बाँटे हैं
कील और काँटे हैं
तकलीफ़ें 'उरियाँ' हैं
लोग जाति-कुल से हैं
पेड़-पेड़ झुलसे हैं
पीठ-पीठ छड़ियाँ हैं
सन्नाटे खाँसे हैं
मुँह नहीं मुँहासे हैं
भूख है, अँतड़ियाँ हैं।

पंखे हाँफते जैसे पखेरू

आँख से होकर बही
तेज़ाब की ऐसी नदी
तिलमिला कर रह गयी मेरी सदी
        आइनें को ग़ौर से देखा
        सिन्दूरी दस्तख़त थे
        छुप गया सूरज, दिशाओं में
        बने से रक्त-पथ थे
सिर्फ़ पीले ख़त मिले हैं
पत्तियाँ पीली हुईं
हुई बरगद, बरगदों की त्रासदी
        तेज़ गर्मी, बर्फ़ से संकल्प
        पिघली मान्यताएँ
        लू चले अफ़वाह-सी,
        मौसम करे जलती सभाएँ
फूलती है साँस,
पंखे हाँफते जैसे पखेरू
तर पसीने में हुई नेकी-बदी।

समकालीनों की अपनी कालीनें हैं

ख़ुद को व्यंजित करती हुई मशीनें हैं
समकालीनों की अपनी कालीनें हैं
अपना पीढ़ा-पानी
लोटा-डोरी है
इसकी-उसकी है
या अदबी चोरी है
ग़ज़ल हमारी, उनकी मगर ज़मीनें हैं
एक शून्य रचते
हामी हैं ज़ीरो के
दामन अक्सर पकड़ें
पीर-फ़कीरों के
आँखों में चर्बी है फिर भी झीने हैं
अगर जाल में
चारा कोई फँसता है
अट्टहास करते
ज्यों दरिया हँसता है
साहिल पर ही वैसे रुके सफ़ीने हैं
तरह-तरह के
फ़र्जी-पैदल-प्यादे हैं
सरल समीक्षाओं के
कठिन इरादे हैं
ख़ुद के नहीं, दूसरों के हक़ छीने हैं

ये बस अपनी ही
रोशनी नहाते हैं
गंगा भी
चाहे जिस तरफ़ बहाते हैं
ऊँचे माथे हैं, चौड़े से सीने हैं।

शब्द ईंटों-से

दूर तक उछलें हवा में
शब्द ईंटों-से
बोलते ज्ञानी-महात्मा
सिद्धपीठों से
प्रवचनों में शक्ति भर
जादू जगाते हैं
हैं ग़लत ख़ुद ही,
जगत मिथ्या बताते हैं
लोग दिखते इन्हें
भुनगों और कीटों से
मूँदकर आँखें
सुबह की बात करते हैं
रोज़ अपने आपसे ही
घात करते हैं
अपरिग्रह भी जुड़ रहा
कुर्सियों-सीटों से
कल कि जो बीता
उसी पर नाज़ करते हैं
दम्भ के पर्वत,
दिलों पर राज करते हैं
छन रही है सर्वनाशी
नासपीटों से।

धार में गहरे धँसो!

मुक्त मन की सम्पदा ले
धार में गहरे धँसो
स्वर्ण के पिंजरे न देखो
वृक्ष से चहको-हँसो
        रोशनी के छन्द तुमसे हैं
        तुम्हीं से गीत हैं
        खिलखिलाते
        फूल-पत्ते ही तुम्हारे मीत हैं
रथ समय का हाँकने को
मुट्ठियाँ अपनी कसो
        टेरता आकाश तुमको
        पर पसारे उड़ चलो
        हो अगर मौसम विरोधी
        और भी फूलो-फलो
तोड़ने के ही लिए
तुम चक्रव्यूहों में फँसो!

जाने कैसा मौसम आया?

जाने कैसा मौसम आया
लिपी-पुती जिन दीवारों पर
बात लिखी थी नैतिकता की
वहीं, पलस्तर उखड़ा पाया
जाने कैसा मौसम आया
        घटा घिरी थी ऊदी-ऊदी
        मगर हुई साज़िश बारूदी
गन्धक का जंगल धुधुवाया
ख़ुशियाँ सब तेज़ाब नहायीं
नंगी तलवारों-सी आँधी
काँप उठी बरगद की काया
जाने कैसा मौसम आया
        शान्ति व्यवस्था, डसती नागिन
        सदी हुई नारों से गाभिन
निगल गयी क़द अपनी छाया
सद्भावों ने खायी गोली
ख़ून सफ़ेद हुआ है सबका
सबने, सबका ख़ून बहाया
जाने कैसा मौसम आया?

प्रगति हुई कछुआ

अख़बारों के मुखपृष्ठों पर
छपते सबके अगुआ
बहुत बड़ा था लेकिन वह
कोने की ख़बर हुआ
बड़ी रकम मिलती घर को, जो
दुर्घटना में मरता
किसी तरह से अनुकम्पा पर
बुधुआ सर्विस करता
भूखा पड़ा-पड़ा खटिया पर
सोच रहा मधुआ
पकवानों के सपने, माई
खोंट रही बथुआ
कहीं लतर बिजली की झूले
कहीं टूटती बिजली
अँधियारे के ताल तड़पती,
उजियारे की मछली
छाती पीटे रोये रधिया
जीवन धुआँ-धुआँ
छोटे जन के बड़े दुखों ने
उनको नहीं छुआ
सजी सुर्ख़ियाँ, सधा कैमरा

जी भर दौड़े-भागे
ख़ास समय पर,
पिछड़े लोगों की सुधि आयी, जागे
रँगे सियारों का विरोध भी
केवल हुआ-हुआ
नौ दिन कोस अढ़ाई चलती
प्रगति हुई कछुआ।

साधो! नंगों से सब हारे

साधो!
नंगों से सब हारे
ये करते हैं काम सदा ही
सोचे बिना विचारे
        इनके आगे शीश झुकाते
        बड़े-बड़े अधिकारी
        करते हैं कुकर्म, कहते हैं
        'कर्मन की गति न्यारी'
उजली-उजली खादी में भी
जीवन जियें उघारे
        साँपों-सा संसद में बैठें
        कठिन कुंडली मारें
        अपनों से कुछ कहें नहीं,
        बस दूजों को ललकारें
खुलेआम हत्या करते हैं
पर न लगें हत्यारे।

आवाज़ों ने फिर डाँटा है

सन्नाटा है, सन्नाटा है
आवाज़ों ने फिर डाँटा है
        भीतर-भीतर, खौल रहे हैं
        लोग कि मेढक तौल रहे हैं
केवल मछली है, काँटा है
        चलती, थकती हुई हवा है
        संवेदन है, गर्म हवा है
गाल वक़्त के हैं, चाँटा है
        कई-कई गुजरात जग रहे
        लोग कि बस बन्दूक लग रहे
किसने यह शरीर काटा है?

अपनी बेतरतीब व्यवस्था

अपनी बेतरतीब व्यवस्था है
यहीं इसी में ज़िद है जीने की
        अस्त-व्यस्त उगते-से जंगल में
        कहीं सिलसिला कोई तो होगा
        हम तो हैं तैयार, निपट लेंगे
        इस जीवन में जब भी जो होगा
है हमराही हुनर हमारा ही
कूवत भी तो है विष पीने की
        ज़िद है, थोड़े मूल्य साथ भी हैं
        हम तो जिन्हें सँजोये बैठे हैं
        बेबुनियाद नहीं हैं मंसूबे
        मत समझो हम यूँ ही ऐंठे हैं
हमें पता है क्या होती भाषा,
बहते आँसू और पसीने की।

पर्यटन कैसा?

पर्यटन कैसा
किनारे भी नदी के
बिक गये हैं होटलों के नाम
        हर लहर के दाम ऊँचे हैं
        दृश्य प्रायोजित हुए हैं
        बहुत उजली भोर है लेकिन
        डंक बिच्छू के छुए हैं
पर्यटन कैसा
कि कॉटिज हैं कुछों के
और गिरवी है सुबह का घाम
        देवदारों से उतर आयी
        ये हवा फिर अनमनी है क्यों
        फूल से कुम्हला रहे छिन-छिन
        मुख सभी सैलानियों के ज्यों
पर्यटन कैसा
कि बादल हैं उसी के
हुई जिसकी बारजे की शाम?

सच कहने के रस्ते में

कई बार तो सच कहने के रस्ते में
परिचय भी दीवार खड़ी कर देता है
अपने से ही,
अपनी आँख चुराते हैं
संवादी से स्वर भी
हकला जाते हैं
सुख के लिए होठ पर ताले पड़ते हैं
दर्द भला, कब कौन माँगकर लेता है?
गिर जाते हैं
कभी जो ज़रा उठते हैं
तपे-तपाये शब्द
थरथरा उठते हैं
पार न पाता है अभिनय में कोई भी
सच पूछो यह समय बड़ा अभिनेता है
जीना होता
कई विरोधाभासों में
उड़ता काग़ज़ का जहाज़
आकाशों में
चाहे कितनी भी ख़राश हो बोली में
कौआ तो कोयल के अंडे सेता है।

आज का संघर्ष

आज का संघर्ष
रोटी-दाल पर मैं छोड़ता हूँ
मछलियों की ज़िन्दगी
फिर जाल पर मैं छोड़ता हूँ
साँस का पर्याय
वंशी और काँटे हो गये हैं
ख़ास तेवर मौसमों के
ज्वार-भाटे हो गये हैं
हर नया सम्बन्ध,
टूटी डाल पर मैं छोड़ता हूँ
रोशनी का अर्थ,
उठता दिख रहा गाढ़े धुओं-सा
वक़्त फिर-फिर छू रहा है
पास आकर बिच्छुओं-सा
आसमाँ की बात भी
पाताल पर मैं छोड़ता हूँ
आइने के ठीक बीचों-बीच
बल से पड़ गये हैं
सीढ़ियाँ टूटी हुई हैं
लोग ऊपर चढ़ गये हैं
कई क़िस्से
आज गुज़रे साल पर मैं छोड़ता हूँ

बड़े छोटे या मझोले
कोष्ठक जैसे लगे हैं
ज़िन्दगी के हर पहर में
हम जगे, केवल जगे हैं
आँसुओं को हाथ के
रूमाल पर मैं छोड़ता हूँ।

यह रस्ता

यह रस्ता जाना-पहचाना है
कहाँ किधर को, कितने गड्ढे हैं
हमें पता है, क्या कब आना है
समतल नहीं ज़िन्दगी होती
होते हैं पहाड़, सागर भी
हिरन दौड़ते हैं राहों में
मिल जाते काले अजगर भी
यह रस्ता जाना-पहचाना है
रोये कौन सड़ रहे पानी को
साँसों में ख़ुशबू तहियाना है
कसी डोर से दिन हैं जिनपर
चलना-ही-चलना होता है
अपनी आग लिये, सूने में
रातों को जलना होता है
यह रस्ता जाना-पहचाना है
मेले में चुप रहना पड़ता है
सन्नाटे में रोना-गाना है
कभी नींद हो जाए जख़्मी
कभी हवा में सपना उछले
घाटी-घाटी जागे सूरज
रह-रह रेल पटरियाँ बदले
यह रस्ता जाना-पहचाना है
रोज़ ख़ून की बारिश होती है
रोज़ सवेरे फूल खिलाना है।

लपटों के परदे हिलते

भारी बहुत प्यास का पत्थर
पानी किसे पुकारे
बोने वाले आग,
बटोरा करते हैं अंगारे
        चिनगारी की कीलें,
        लपटों के परदे हिलते
        लोग बोलना भूल गये हैं
        बस होठों को सिलते
जलते हैं जंगल
जलते हैं घर-आँगन-चौबारे
        चिट-चिट-चिट हड्डियाँ चिटखतीं
        चिटखा करते चेहरे
        गलियाँ-चौराहे लगते हैं
        अन्धे-गूँगे-बहरे
नये-नये मोड़ों पर दिखते
साँप कुंडली मारे
        दावानल-बड़वानल,
        ख़ुद ही रहते झुलसे-झुलसे
        अक्सर सम्बोधन, खाई में
        गिरते टूटे पुल से
सूखी नदी कि मझधारा
क्या, कैसे कूल किनारे?

बच्चे भी अब ऊब रहे हैं

पत्थर पर भी
जो हरियाती दूब रहे हैं
समय अजब है
बच्चे भी अब ऊब रहे हैं
        बुरी ख़बर है ये
        बच्चों की ऊब-उदासी
        किलकारी है नहीं,
        सिर्फ़ है काली खाँसी
तैरें क्या
उचटी लहरों में डूब रहे हैं
        अचरज, विस्मय
        कौतुक और कुतूहल ग़ायब
        आँखों में ही
        ज्यों आने वाला कल ग़ायब
हैं अनमने, कहें कैसे
क्या ख़ूब रहे हैं
        रोज़ नये कुछ घाव
        रोटियाँ बासी-बासी
        बोर हो रहे सूर्योदय
        ज्यों चढ़ते फाँसी
ये बच्चे ही
ख़ुशियों के महबूब रहे हैं।

दुख हारा है

हम अपने ही शिल्प से
स्वयं ऊबे हैं
अच्छा रचने के
फिर भी मंसूबे हैं
        गुड़-धानी से,
        चना-चबैना, लइया से
        बतियाते हैं
        आँगन की गौरैया से
सोचें, हम क्यों
अपने लिए अजूबे हैं
        कस्बा-गाँव,
        शहर है, अपनी बस्ती है
        कोई सुविधा महँगी,
        कोई सस्ती है
संवेदन के
छोटे-छोटे सूबे हैं
        दुनिया चलती
        सीधे-सादे, सच्चों से
        दुख हारा है
        पतंग उड़ाते बच्चों से
तैर नहीं पाये तो
सुख में डूबे हैं।

बोझ है टूटी हुई छत

जीर्ण सीढ़ी हाँफती है
बोझ है टूटी हुई छत
रक्त में जीभर नहाती
गुलमुहर की हर गली
ज़र्द शक़्लें हो गयी हैं
अमलतासों में पली
अब न 'कुड़माई' किसी की
अब न कोई कह रहा 'धत्'
शब्दभेदी बाण खोये
हाँफते संवाद सारे
निर्वसन-सी सभ्यता है
पेड़ हैं सारे उघारे
है हवा में नशाख़ोरी
हर किसी को है बुरी लत
भित्तिचित्रों की कहें क्या
भित्ति है, ना चित्र कोई
हर तरफ़ मैदान उगता
याद ने बस रेत बोई
लोग धुँधली दृष्टि से ही
हादसों के पढ़ रहे ख़त
देखिये भी किस तरफ़
जब हर तरफ़ ख़तरा खड़ा है

उपनिषद की आँख में भी
आज ज्यों तिनका पड़ा है
अल्पमत के कहीं क़िस्से
भीड़ का है कहीं बहुमत।

कोई ज़िन्दा बच जाता है

मन-ही-मन में कोई मरता
कोई ज़िन्दा बच जाता है
हर आने वाला कल, आकर
नाटक जैसे रच जाता है
रोज़-रोज़ भूमिका बदलती
मंच बदलते, ड्रामा होता
बात-बात पर ताली बजती
अनायास हंगामा होता
प्रेक्षागृह का सारा गुस्सा
साँसों में ही पच जाता है
हँसी नहीं आती होठों पर
स्वप्न गुदगुदाते रह जाते
सारे स्वगत पुराने पड़ते
लोग बुदबुदाते रह जाते
आता है त्यौहार न कोई
केवल हल्ला मच जाता है
क्या दे अर्थ नींद की बड़बड़
सन्नाटे पलकें झपकाते
कटी ज़बानों वाले क़िस्से
बस अभिनय में होठ हिलाते
कोई और बोलता पीछे
फिर परदा ही खिंच जाता है।

भाग रहे भित्ति-चित्र

शोर-सा धुआँ उठता
हाँफती ऋचाओं से
भाग रहे भित्तिचित्र
ऊबकर गुफाओं से
        कुछ पात्रों का दम भी
        घुट रहा कथाओं में
        रह-रहकर फटता
        बारूद-सा दिशाओं में
रक्त-गन्ध आती है
भोर की हवाओं में
        है कुछ षड्यन्त्रों में
        छुपा हुआ ईश्वर-सा
        सूरज भी लगता है
        धुँधले हस्ताक्षर-सा
बहुत कठिन होता,
सिर मारना प्रथाओं से
        आग शक़्ल खो बैठी
        राख में दबी होकर
        कहने को तमगे ही
        लगते हैं सीनों पर
लोग डरे अपनी ही
कुशल भूमिकाओं से

यादों का मलबा है
साँस हर दबी-सी है
युद्धों के कानों में
बजी दुन्दुभी-सी है
रोने की उठती,
आवाज़ मान्यताओं से।

लेबर चौराहा

आँखों में उम्मीद सजाकर
नयी सुबह के सात बजाकर
अपनी-अपनी खाज खुजाकर
हँसते-हँसते ज़रा लजाकर
चलो चलें लेबर चौराहे
अपने-अपने घर को जोड़ें
घर के लिए घरों को छोड़ें
मन में पिछली शाम कराहे
चलो चलें लेबर चौराहे
बेचें हाथ कि मेहनत बेचें
सूरज लादें, ईंटें ढोएँ
जीभर कर बतियाएँ बोलें
हँसें फूल की हँसी कि रोएँ
जितनी भूख कि उतनी ही महँगाई है
याद हमें फिर से रोटी की आयी है
कूड़े से क्यों जूठे दाने बीनो भी
उठो कि अपने हक़ की रोटी छीनो भी
बच्चों की सूरत आँखों में घिरती है
बालू में सपनों की कश्ती तिरती है
बारह बजे कि अब तक कोई काम नहीं
रोटी नहीं तो अपना कोई राम नहीं
बढ़ी हताशा भइया हो!
ढूँढ़ो आशा हइया हो!

मुँह लटकाये घर को सूरज लौट रहे
सबकी अपनी रामकहानी कौन कहे
देनी सबको ज़बाँ कि सबकी बानी हो
ज़िन्दगानी की अपनी नयी कहानी हो
किसने भर ली सारी धूप तिजोरी में
सच देखा है हमने चोरी-चोरी में
अपना सपना केवल ईंटा-गारा है
कहने को ये सारा देश हमारा है
बुला रहा है कोई रोशनदानों से
चलो कि निकलो टूटे हुए मकानों से
है कैसी सीमेंट
पलस्तर उखड़ा है
रोटी का टुकड़ा है
या फिर दुखड़ा है
आग बुलाने आयी है फिर चूल्हों को
झूमो-गाओ नयी हवाओं के झोको
नया सवेरा आएगा
सौ-सौ सूरज लाएगा
धूप खिलेगी, जमकर पानी बरसेगा
कोई नहीं कहीं भी प्यासा तरसेगा
शाम, हमारे बच्चे राहें देखेंगे
उड़ती हुई हँसी के लच्छे फेकेंगे
कातेंगे हम सूत, कतेंगे बरस महीने
ख़ुशियाँ अपने सँग आएँगी रहने-जीने
ख़ाली जेबें बोलेंगी
हमको नहीं टटोलेंगी
मज़दूरों के त्यौहारों जैसे होंगे
बरसातों की बूँदों से पैसे होंगे!

कब सुख का सूरज निकलेगा?

राजनीति की डाइन आयी
भागो-भागो-भागो भाई
गुर्र-गुर्र कुत्ता गुर्राये
अपनी परछाईं डरवाये
जंगल-जंगल आग लगी है
हर आशंका हुई सगी है
खँडहर-खँडहर लटके ताले
डसते हैं काले फन वाले
कालिख पोते हुए उजाले
सच के पैरों में हैं छाले
धुआँ-धूल-कुहरा बहुतेरा
हर चेहरा हो गया लुटेरा
बस्ती-बस्ती चीख रही है
उजड़ी-उजड़ी दीख रही है
मुर्दों के पहाड़ तो देखो
घुन खाये किवाड़ तो देखो
मिमियाती दहाड़ तो देखो
आँखों का अषाढ़ तो देखो
सूखे बीच बाढ़ तो देखो
दुखती हुई दाढ़ तो देखो
जाँगर थका-थका घर आये
कोई और फसल ले जाये
भूखे पेट भजन करते हैं

सपने भूमि-शयन करते हैं
सन्नाटा नाख़ून बढ़ाये
और हवा भी डंक चुभाये
शब्द खड़े अपना मुँह बाँधे
बोझिल शाम लदी है काँधे
सुबह नहीं ढूँढे मिलती है
कोई कली नहीं खिलती है
उम्मीदें गिरवी रक्खी हैं
तारीख़ें हक्की-बक्की हैं
संवादों का नाम नहीं है
कोई रस्ता आम नहीं है
बोलो भला कहाँ हम जाएँ
कदम-कदम होतीं हत्याएँ
सिर धुनती अपनी सीमाएँ
आग बढ़ रही दायें-बायें
गूँगे-बहरों में खोयी है
जाने कहाँ भीड़ सोयी है
भौंह तुम्हारी टेढ़ी-टेढ़ी
जनता की घिसती है एड़ी
सीधे चलना तुम्हें न आये
हम पर हैं कुचक्र के साये
जलते मिलते हैं चौराहे
समय आग का दरिया थाहे
भरी नींद में घर जलते हैं
फ़ाइल औ' दफ़्तर जलते हैं
छोटे-छोटे पर जलते हैं
कल के कैलेंडर जलते हैं
धरती औ' अम्बर जलते हैं
पानी औ' पत्थर जलते हैं
जलता मिलता ठाकुरद्वारा
धू-धूकर जलता गुरुद्वारा

जलता मस्जिद का उजियारा
चारों तरफ़ लहू की धारा
देश बाँटते, जाति बाँटते
गद्दी पर चढ़ रकम काटते
कुर्सी को दिन-रात चाटते
अपने को ही नहीं डाँटते
काश कि अपने को कुछ कहते
शीशे के घर में ना रहते
बाँट दिया है घर-आँगन को
भाई से भाई के मन को
भारत के भोले जन-जन को
सदा साथ रहने के प्रण को
जाने यह सब कब बदलेगा
कब सुख का सूरज निकलेगा?
यह सवाल आकुल करता है
अँधियारा झर-झर झरता है।

शब्दों की मुद्राएँ

हम अपने भीतर का मौसम
कैसे बतला पाएँ
हाथ नहीं आती हैं अक्सर
शब्दों की मुद्राएँ
        कुछ होता है मन में लेकिन
        होठ नहीं कह पाते
        रचते दर्द न सह पाने का
        हम सब कुछ रच जाते
बिखरा देती हैं विचार को
शीतल मन्द हवाएँ
        हर अनुभूत सत्य के पीछे
        कुछ घटता रहता है
        सन्दर्भों से जुड़ता है कुछ
        कुछ कटता रहता है
हँसें ठठाकर, करती हैं
जीभर परिहास प्रथाएँ
        भरें कलम में स्याही,
        काग़ज़ मगर न सादा दिखता
        काग़ज़ सादा हो, तो भी
        मन नहीं सादगी लिखता
उड़-उड़ जाती हैं कपूर-सी
सब काग़ज़ी कथाएँ
        कुछ अभिव्यक्त अगर हो पाता है

तो वह भी थोड़ा
कैसे हो बेलौस प्रकाशित
तट-जल ने जो छोड़ा
हम अपनी तुतलाहट,
कभी छिपाएँ, कभी छपाएँ
लहर-लहर का अपना
हस्तक्षेप कठिन होता है
क्षण को जीने का,
साँसों पर भारी ऋण होता है
कठिनाई है मौन ऋणों को
कैसे-कहाँ चुकाएँ?

घुट रही है साँस पानी की

खो गयी बू-बास पानी की
घुट रही है साँस पानी की
        जान पर आयी हुई-सी है
        प्यास पथरायी हुई-सी है
जल रहे हैं रेत के टीले
आ रही है धाँस पानी की
        घुट रहा है दम हवा का भी
        समाधानों की ग़ुमी चाभी
खाँसती है नदी चुल्लू में
सुने कोई काश पानी की
        धूप के पदचिह्न काले हैं
        बोलने के नाम ताले हैं
जीभ पर काँटे उगे से हैं
है गले में फाँस पानी की
        आप अपना गला कसता है
        वक़्त जलता है, झुलसता है
उठ रहे हैं राख के बादल
अब कहाँ है घास पानी की
        धूल-मिट्टी के मसौदे हैं
        प्यास के ही सिर्फ़ पौधे हैं
जानता है कौन दुनिया में
बहुत गहरी प्यास पानी की

आँख का भी मरा है पानी
अब नहीं मसखरा है पानी
आग, केवल आग के क़िस्से
फूलती है लाश पानी की।

पशुओं-से मिलते हैं धोखे

संवेदन है मरा हुआ
बच्चा बन्दरिया का
चिपका है अपनी छाती से
बन्द खिड़कियों से
रिसता है कहीं उजाला
जलसों में है
सम्मानों का शाल-दुशाला
वर्तमान धोना-निचोड़ना है
हमको क्या लेना-देना अपनी थाती से
शोक और ख़ुशियों की
बदली है परिभाषा
उत्सवजीवी बन बैठी है
घनी हताशा
बतियाते हम दीवारों से
भूल गये हैं बतियाना अपने साथी से
जीभ निकाले
पशुओं-से मिलते हैं धोखे
रचते हैं प्रतिमान
सिर्फ़ जालियाँ-झरोखे
चलती है सल्तनत शान से, डरती है
बेटे से या पोते-नाती से।

ज़रा देखो तो

निर्जन में आग ज़रा देखो तो
नफ़रत में राग ज़रा देखो तो
बिन पैरों भाग रही हरियाली
रेल से दिखी थोड़ी खुशहाली
दुखिया का भाग ज़रा देखो तो
कितना कुछ खेतों में, चूल्हों में
बढ़ी उम्र के दुखते कूल्हों में
पानी में झाग ज़रा देखो तो
मड़ई में, मिट्टी में, साँसों में
हाँफ रहा ज़िन्दा विश्वासों में
ख़ुशियों का बाग़ ज़रा देखो तो
हिन्दू का, मुस्लिम का अन्तर क्या
वक़्त पड़ा तो काला जन्तर क्या
बातें बेलाग ज़रा देखो तो
यादें तो जागती-मचलती हैं
बिन बाती दीये-सी जलती हैं
सूने में फाग ज़रा देखो तो
अँधियारा ज़ुल्म किये जाता है
उजियारा रुक-रुककर गाता है
उजले हैं नाग ज़रा देखो तो!

सहजन की वो डाल

हम जिसकी छाया में दो पल बतियाये थे
सहजन की वो डाल आज भी झूल रही है
    वही धूप का चितकबरापन
    और छाँव का भी छितरापन
    प्यास और पानी में तिरना
    फूलों जैसा ही बिखरापन
हम जिसके पत्तों में सकुचे-शरमाये थे
सहजन की वो डाल आज भी झूल रही है
    मिलना-बतियाना आपस में
    फिर शीशा-शीशा हो जाना
    आँखों नर्म हथेली रखकर
    ख़ुद को खोना, ख़ुद को पाना
हम जिसकी पुरवाई में ही लहराये थे
सहजन की वो डाल आज भी झूल रही है
    पारे-पारे से लम्हों में
    ख़ुद का पारा-पारा होना
    बादल-बादल चाँद सरकना
    उजियारा-अँधियारा होना
हम जिसके शरीर पर ही कुछ लिख आये थे
सहजन की वो डाल आज भी झूल रही है

शब्द चबाये हैं

हम साँसों में, दाँतों में
तारीख़ दबाये हैं
ख़ास-ख़ास लोगों की ख़ातिर
आम सभाएँ हैं
हर दुख-दर्द हमारा है
अपना पुश्तैनी है
अपना लोटा-डोरी, सारा
सुर्ती-खैनी है
भूख लगी तो हमने अकसर
शब्द चबाये हैं
रोशनदानों पर
अँधियारों के ही लेखे हैं
हमने उल्टे लटके-से
चमगादड़ देखे हैं
लाने वाले तूफ़ानों में
कश्ती लाये हैं
बाज़-वक़्त अपने से भी
कतराना होता है
चीख़ सख़्त हो जाती है
पथराना होता है
मन की लहर पी गये
तब झंडे लहराये हैं।

आँख सूरज मल रहा है

लोग टेढ़े हैं, बहुत टेढ़े
आज अष्टावक्र भी शरमा रहा है
हैं बवंडर रेत के सहमे हुए-से
हर पहर भरमा रहा है
        पिट रही हैं गोटियों पर गोटियाँ
        खेल कोई चल रहा है
        आँख में तिनका सवेरे के पड़ा है
        आँख सूरज मल रहा है
दिन कि जैसे सख़्त-सा अफ़सर कोई
क्लर्क पर गरमा रहा है
        ऊँघती है सिर्फ़ सूनी-सी दुपहरी
        जग रही है झनझनाती चुप्पियाँ
        घाव, केवल घाव हैं ख़ामोशियों के
        घाव पर हैं भिनभिनाती मक्खियाँ
धूप चुँधियाने लगी है, धूप को ही
कौन आख़िर आइना दिखला रहा है?
        नाभि में ही गड़ रहे झंडे कई
        छटपटाती, हाँफती हैं धरतियाँ
        ख़ुश्क आँखों में फँसे हैं ख़्वाब सारे
        हर तरफ़ हैं बन्द होती खिड़कियाँ
बैठकर वातानुकूलित झोंपड़ी में
वक़्त कुछ फ़रमा रहा है।

तितलियाँ बैठी हैं

काग़ज़ों पर शब्द की तितलियाँ बैठी हैं
बादलों के बीच ज्यों बिजलियाँ बैठी हैं
है बहुत बारीक़
लेकिन ख़्वाब कोई है
प्यास में ज़िन्दा, कहीं
तालाब कोई है
फिर हवा की राह में खिड़कियाँ बैठी हैं
ज़ेहन में कोई दिये-सा
जल रहा तो है
इस अँधेरे को
बहुत वो खल रहा तो है
याद के दालान में लड़कियाँ बैठी हैं
बहुत रोकर भी
अभी बादल घिरा ही है
नये मौसम पर
पुराना तज़क़िरा ही है
चन्द आँसू ढेर-सी सिसकियाँ बैठी हैं।

भाषा को शीशे-सा बरतो

भाषा को शीशे-सा बरतो
शीशे में चेहरा देखो
लहराता है ताल समय का
है कितना गहरा देखो
        सिर से पाँव तलक लिपटी है
        बीते कल की परछाँई
        धधक रहे सूरज में, शामों के
        सवाल की है झाँई
आग, आग हो जाते सच पर
पानी का लहरा देखो
        झुलसी है ज़मीन, बादल की
        राख उड़ रही सपनों में
        चिलक रहा है दर्द पुराना
        यात्राओं के घुटनों में
नये प्रतीकों पर, कुछ पिछले
बिम्बों का पहरा देखो
        चमक रही चोटों की
        ज़िद्दी धूप बहुत कुछ कहती है
        कोई याद बन्द कमरे में
        बहुत अकेली रहती है
शोर समेटे तारीख़ों का
कैलेंडर बहरा देखो!

तालियों जैसे बजे हैं

मज़ा देते दूसरों को
हम कि दुखते-से मज़े हैं
दूसरों की ही खुशी में
तालियों जैसे बजे हैं
        कभी इनकी, कभी उनकी
        सफलता पर हँसे-नाचे
        ढूँढ़ते ही रहे, अपने लिए
        बस सींकचे-साँचे
महफ़िलों-मंचों-सभाओं की
सजावट हैं, सजे हैं
        बात करते आइनों से
        आइनों से मुँह चुराते
        आँसुओं को दफ़्न करके
        हम कहाँ तक मुस्कुराते?
याद सबको रखा लेकिन
हम कि अपने को तजे हैं
        बहुत बहलाते दिलों को
        बहुत ज़्यादा ऊब जाते
        काग़ज़ों की नाव होकर
        काग़ज़ों में डूब जाते
ज़िन्दगी के फलसफ़ों के
भजन ही केवल भजे हैं।

पेड़ से सटकर समय

पेड़ से सटकर समय
इतिहास ने जैसे लिखा
बहुत चुप-चुप एक बूढ़ा
फूँकता बीड़ी दिखा
    इस सदी के खाँसने की
    आ रही आवाज़ थी
    हाँफती-सी, काँपती-सी
    उम्र की परवाज़ थी
पाँव दलदल में फिसलकर
और दलदल में टिका
    जवाँ सपनों का फफककर,
    फूटकर रोना खला
    झुर्रियों के बीच आँसू
    दिया बुझ-बुझकर जला
रोशनी का सच न कूड़ेदान पर
फिर भी बिका
    समझ आएगा ज़माने में
    भला कैसे जिये
    एक सूरज डूबने से
    ज़रा पहले देखिये
सुर्ख़रू चेहरा वही,
जो आँच में अपनी सिंका।

पानी का स्वाद

प्यास करे ख़ुद ही से
कितने संवाद
रुककर महसूस करो
पानी का स्वाद
        कुछ भी बेस्वाद रहे
        क्यों मेरे भाई!
        हर रस्ता याद रहे
        ढाल या चढ़ाई
मौलिक हों सुख-दुख सब
मौलिक अनुवाद
        हो लोटा-डोर, कुआँ
        पानी के गीत
        सूखा भी हो जाए
        थोड़ा भयभीत
सपनों को और मिले
सपनों की खाद
        उल्टे पैरों लौटे
        हारी-बीमारी
        तकलीफ़ें रहें नहीं
        मुंशी-पटवारी
सावन ही आये
फिर सावन के बाद।

हम कि अभिनय कर रहे हैं

किस तरह से
ज़िन्दगी को
हर घड़ी जय कर रहे हैं
हम कि अभिनय कर रहे हैं
    मंच से नेपथ्य तक है
    अलग अपनी वेशभूषा
    है अजब आक्रोश,
    पटकें मेज पर ही बँधा घूँसा
तय नहीं होते
मगर हम रास्ते तय कर रहे हैं
    हँसी आये नहीं, आँसू झरें
    ख़ुद को गुदगुदाते
    है कठिन संवाद ख़ुद से
    हम कहाँ तक बुदबुदाते
जो कि अक्सर टूट जाते
वही निश्चय कर रहे हैं
    आसमाँ नीला करे क्या
    देह जो नीली पड़ी है
    ख़ून की बरसात से
    सारी ज़मी गीली पड़ी है
है चढ़ाई का सफ़र
कुछ लोग बस कै कर रहे हैं।

आज सपने में पिता आये

माथ पर रख दिया अपना हाथ
बहुत ज़्यादा दर्द सहने पर
आज सपने में पिता आये
माँ तुम्हारे नहीं रहने पर
        कुछ न बोले एकटक देखा किये
        दृष्टि से कुतरे दुखों के हाशिये
        जिन अँधेरों ने हमें घेरा कसा
        उन अँधेरों पर रखे जलते दिये
किस कदर रक्तिम हुआ चेहरा
फूलती-सी साँस तहने पर
        गीत-से बच्चे सहेजे फिर
        शब्द कुछ स्कूल भेजे फिर
        फिर कलेजा खोलकर बैठे
        जोड़कर अपने कलेजे फिर
फिर न आँसू रुके पलभर भी
आये गये जो ज़रा बहने पर
        ज़िन्दगी को देर तक सोचा
        चित्र को रूमाल से पोछा
        जगे माँ की नींद की ख़ातिर
        मौत वाली नींद को नोंचा
ज़ोर से डाँटा कमीने वक़्त को
इस तरह बेतरह दहने पर।

माँ तुम्हारा नहीं होना

किस तरह कैसे न पूछो
जी रहा बेटा सलोना
माँ तुम्हारा नहीं होना
बोलते ख़ामोश घर में
गूँजती खाँसी तुम्हारी
वो दवा की शीशियों पर
उँगलियाँ अब भी तुम्हारी
तुम सँजोती थीं हमें, अब
हमें तुमको है सँजोना
माँ तुम्हारा नहीं होना
ढेर सारे चित्र कविता
और यादों के झरोखे
किस कदर निश्चिन्त से थे
पिता तुममें हमें बोके
ज़िन्दगी का सच न देखे
दर्द का सीना पिरोना
माँ तुम्हारा नहीं होना
बहू बेटे नात नाते
और पोते पोतियों से
अनकहा भी लिख रहे हैं
मौन आँसू मोतियों से
देखती तस्वीर चुप चुप
आज घर दालान धोना

माँ तुम्हारा नहीं होना
फूलती सी साँस में ही
फूल करुणा के सहेजे
माथ पर टीका लगातीं
तुम लगाती थीं कलेजे
याद की नदिया न जाने
नाव धारा में डुबोना
माँ तुम्हारा नहीं होना
चारपाई पर रखा तकिया
बिछी चादर, हवा के छन्द सारे
इनहेलर भी अनमना
कोई न गहरी फूँक मारे
ओस से भीगी सुबह पर
कर गया है कौन टोना
माँ तुम्हारा नहीं होना।

□□□